全民阅读·经典小丛书

让你与众不同的8种职场素质

RANG NI YUZHONGBUTONG DE
8 ZHONG ZHICHANG SUZHI

冯慧娟 编

吉林出版集团股份有限公司

图书在版编目（CIP）数据

让你与众不同的 8 种职场素质 / 冯慧娟编 . —长春：
吉林出版集团股份有限公司，2016.1
（全民阅读 . 经典小丛书）
ISBN 978-7-5534-9992-5

Ⅰ . ①让… Ⅱ . ①冯… Ⅲ . ①企业—职工—修养—通
俗读物 Ⅳ . ① F272.92-49

中国版本图书馆 CIP 数据核字 (2016) 第 031617 号

RANG NI YUZHONGBUTONG DE 8 ZHONG ZHICHANG SUZHI

让你与众不同的 8 种职场素质

作　　者：冯慧娟　编
出版策划：孙　昶
选题策划：冯子龙
责任编辑：邓晓溪
排　　版：新华智品
出　　版：吉林出版集团股份有限公司
　　　　　（长春市福祉大路 5788 号，邮政编码：130118）
发　　行：吉林出版集团译文图书经营有限公司
　　　　　（http://shop34896900.taobao.com）
电　　话：总编办 0431-81629909　　营销部 0431-81629880 / 81629881
印　　刷：北京一鑫印务有限责任公司
开　　本：640mm×940mm 1/16
印　　张：10
字　　数：130 千字
版　　次：2016 年 7 月第 1 版
印　　次：2019 年 6 月第 2 次印刷
书　　号：ISBN 978-7-5534-9992-5
定　　价：32.00 元

印装错误请与承印厂联系　电话：18611383393

前言
FOREWORD

职场中，常常有人感叹：自己怀才不遇，空有一身才华领导却看不到；同事升职了，他的能力却不如你……但在怨天尤人之前，请先反省一下：你真的具备与众不同的素质吗？你的表现是否真的比同事优秀？怎样才能让领导看到你的才华？

才华之所以称为才华，在于它的与众不同。本书从员工应具备的职场素质出发，讲述了能够让你在职场上脱颖而出、与众不同的8种素质：

忠诚——让你成为公司这个铁打的营盘中最长久而且最有发展前景的"兵"。

敬业——很多公司在雇佣员工时，先要考察这个人是否敬业，其次才是考察专业水平。

自动自发——自动自发的素质，比天才更重要，缺乏这种素质，神童也难成大事。

责任感——一个人的责任心和责任感有多强，工作就有多出色。

注重效率——公司看重的不是你做了什么，而是你在什么时间内做成了什么。

让你与众不同的8种职场素质

结果导向——公司最重视的是你的"功"，而不是你有多"苦"。

善于沟通——一个人的领导才能，90％体现在与他人沟通的能力上。

团结合作——哪怕你再有能力、再能创造业绩，如果你伤害到工作的团队，明智的老板也一定会请你离开。

一个人职业成就的高低，与他的职场素质紧密相关。有句话说："你的能力让你坐上高位，你的职场素质决定你在高位坐多久。"职场素质让你在竞争中占有优势，让你与众不同，让你无可替代！你，是公司的中坚力量！

目录
CONTENTS

让你与众不同的8种职场素质

目录
CONTENTS

让你与众不同的8种职场素质

素质一：
忠诚

公司可能开除有能力的员工，

但对一个忠心耿耿的人，

不会有任何领导让他走，

他会成为公司这个铁打营盘中最长久

而且最有发展前景的"兵"。

站在老板的
立场上思考问题

有句话说得好，老板是你最大的客户。无论你从事何种工作、身处何种职位，你必须知道一件事：只有达到了老板的要求，你才能在职场上站住脚，才能有发展和晋升的机会。如何达到老板的要求呢？你不妨站在老板的立场上思考问题，相信很快就能找到答案。

职场案例

大学时，王东学的是经济管理专业。毕业后，他放弃了在其他四家公司工作的机会，选择了一家化妆品公司董事长助理的职位。朋友们很不理解，凭借王东优异的成绩和突出的个人能力，完全可以找到一份更好的工作。对此，王东自有他的考虑。

去公司上班的第一天，前任助理还没有办完离职手续，看见了王东，就对他说："你是新来的助理？我劝你还是重新找工作吧！在这里工作简直就是在浪费时间！"因为助理的工作就是收发公文、做会议记录、安排董事长的行程，简单地说就是打杂。

可每个人对同一份工作的看法不尽相同。王东觉得从这份工作中能学到很多东西：收发公文时，可以发现董事长批公文的思路；做会议记录可以了解企业如何经营、决策，如何运营。王东觉得再没意思的工作，如果从老板的角度来看，都能看出价值所在。

不知道当年那个离职的助理现状如何，但王东现在已经是一家年盈利超过1000万元的公司的老总了。

正因为王东可以站在老板的角度看待问题，他才能不断提高自己的思维能力和管理能力，为以后的提升奠定基础。

站在老板的角度思考问题，可以让你受益匪浅。因为成功的老板都是优秀的人，揣摩优秀的人怎么想、向优秀的人学习，你也会变得优秀。永远跟随老板的步伐，你就会成为公司不愿舍弃的一分子。

职场宝典：如何站在老板的立场上考虑问题

坚决贯彻执行老板的想法

在你开展工作的时候，你可以请示你的老板，让他告诉你他希望你把工作做成什么样。这样可以保证你了解老板的想法，不容易在工作中出现方向性的错误。然后，你再制订你的工作计划，按照老板的想法保质保量地完成。

以老板的心态去对待公司的不良现象

在你的工作中是否有浪费、迟到等现象出现？如果你站在老板的角度来思考，你会发现这些不良现象的影响是极其恶劣的，它们降低了公司的效益。我们建议你仔细思考自己在工作中有哪些不良习惯，并把这些习惯一一写下来，然后一个一个改掉。

向老板学习，培养独立解决问题的能力

工作并不是一件简单的事，有的时候你会遇到很多问题，甚至让困

难难住。这个时候，你不妨这样思考："如果我是老板，我应该怎么处理呢？"为这样的问题寻找答案，你就慢慢学会如何思考了。

危难时刻，要能跟老板同舟共济

在很多人看来：公司是公司，个人是个人。他们似乎从来没把公司的前途和自己的前途结合在一起，他们所关心的无非是薪水的高低以及如何获得更高的薪水。这样的人或许能够谋取到一份赖以生存的工作，但永远不会取得很大的成就。

成功经验

站在老板的立场上思考问题，把自己当作公司的主人，是提高个人思维能力、执行能力、职业信誉度和个人素质的最快捷方式。

天天琢磨为公司赚钱

今天的社会是一个"利润至上"的社会，赢利是任何一家在市场中求生存的公司的根本目的。因此，作为员工，首先要考虑的就是你为公司赚了多少钱。你为公司赚的钱高过你的薪水了吗？千万不要认为这是老板在剥削你，要知道：如果公司不赚钱，又怎么养活公司的每个员工，怎么去服务社会呢？每个员工必须遵循这样一个简单而重要的理念——全力以赴地为公司赚钱。

▌职场案例

努力工作、为企业创造更大的财富，是每一个员工的职责，老板也比较喜欢这样的员工。

一个贵族出门远行前把和他相处最久的三个仆人叫到身边，根据他对他们的了解，交给他们每人不同数量的银子，让他们各自去经营。

过了一段时间，贵族远行回来，把这三个仆人叫到身边，询问他们各自的经营情况。三个仆人的情况如下：

第一个仆人在贵族给的5000两银子基础上又赚了5000两。

第二个仆人在2000两的基础上赚了1000两。

第三个仆人保持1000两没增也没减。

贵族听完他们各自的汇报，就有了自己的打算。他的决定如下：

把很多重要的事情，交给第一个既有才能又很忠诚的仆人管理。

把另一些事情，交给第二个仆人管理。

拿回原本给第三个仆人的1000两银子，赏给第一个仆人。

你也许会为第三个仆人鸣不平，认为这个仆人虽然没使金钱增值，但也没有亏损。然而贵族的出发点是希望仆人们能让手中的财富增值，而不是让它"死"在手里。

设想一下：如果老板拨一笔资金让你去经营一个项目，你会怎么做？首先，不能让资金有去无回；其次，必须保证让资金在手里增值。只有这样，你才算尽到了自己的职责。

职场宝典：如何为公司赚更多的钱

把为公司赚钱当成自己的责任

我在上文已经提到，作为员工应该把为公司赚钱当作自己的责任。为了加强你的责任心，你可以把"我要成为为公司赚钱最多的人"这句话写在你的工作笔记本的扉页上，也可以把这句话写在卡片上，放在你的钱包里，或是夹在家里的镜框上，时刻提醒自己。

提出好问题，创造好业绩

用提问的方式来寻找赚钱的好点子是个不错的做法！你可以这样问自己：

我在服务中需要改善哪几点，就能让客户满意度提高10个百分点？

我该如何介绍公司的产品，才能一下吸引顾客？

IT经济的下一个趋势是什么，我们是不是应该开始准备了？

我们的产品还有哪些不足？

……

以上都是可以为公司赚钱的问题。你在纸上写出你的答案，然后和你的上司进行交流，他们会对你刮目相看。

为公司赢得更多的客户

公司的生存离不开客户。可以说，客户就是公司的"衣食父母"。如果你处于客户拓展部门或是销售部门，那你就是能直接为公司赚钱的人。如何赢得广泛的客户呢？把每一位客户都当成你的第一位客户。

成功经验

你如果想在竞争激烈的职场中有所发展，成为老板器重的人，就必须牢记：为公司赚到钱才是最重要的；想为公司赚钱，你就必须全力以赴地工作；还要积极思考，不断提出有价值的好点子。

与老板分享你的想法

现今的生活变化极快，每个人的想法和感觉也各不相同。有些人工作兢兢业业，但不善于向老板汇报工作，对一个管理着众多下属的老板来说，他们往往就是一群容易被遗忘的人。老板心情不好时，甚至会说："真不知道他们在干什么！"如果想让老板了解你的忠诚，你就必须抓住适当的机会，将自己的想法和愿望及时主动地表达出来。

职场案例

小时候，父母就对杰克说，做人要老实、要埋头苦干，不要夸夸其谈。杰克谨遵父母的教诲，因此在学校里大家对杰克的评价都很好，老师也很喜欢这个埋头勤学的好学生。

到了社会上，杰克在工作中依然像在学校里一样不怎么跟别人交流，他时刻铭记父母的话：事业是干出来的，不是说出来的。每当公司部门会议讨论项目时，杰克总是坐得远远的。即便觉得那些发言人的建议很没有实用价值，他也不愿发表自己的看法，他可不想出风头。再有才能的人，如果不展现自我，也不会被领导发现。因此，对于整天埋头苦干的杰克，部门经理总是视而不见。时间一长，身边的同事要么涨工资，要么被提升，只有杰克仍然原地踏步。杰克有点儿坐不住了，于是他尝试着改变一下自己。

他克服自己的羞涩，尝试着和上级进行有效沟通，说出自己的想法，并且让上级给他指出其中的不足。刚开始，上级对杰克的转变很不理解，而且对他提出的一些想法并不重视。可是后来发生的一些事情，证明杰克的想法很有价值。渐渐地，一些重要的事情上级都会让杰克参与，而且很乐于采纳他的建议。从此，杰克成了老板面前的红人。

事实上，作为员工，你应该及时向老板汇报工作的进程：工作是正在进行中，还是预计会延期，或者已经完成。这是向老板表明你的忠诚的一种重要方式。

当你独立做一个项目时，应该每隔一段时间就向老板发一封报告信，告诉他工作的进展情况。只有这样，老板才能感觉到你的忠诚与努力、认识到你对他的重要性，你才会赢得更多的机会。

老板也是人，也有无法解决的问题。他们也希望多和员工交流、沟通，听听员工们的意见和建议。因此，作为一名员工，你如果有什么好的意见、建议，就应该大胆地说出来。

职场宝典：做老板最得力的副手

勇于表达自己的想法

聪明的下属会在适当的时候提出自己的见解和主张，这样不仅能够和上级产生共鸣，也容易形成互补的默契，使自己得到脱颖而出的机会。

乐于提供有用的信息

信息是这个世界最宝贵的财富。上司做决策，依靠的也是有用的信息。所以，作为下属，应该及时把工作中、同事之间的种种信息，向上司汇报，形成双方互动互助的关系，让上司随时对整个局势有良好的把握。

善于间接巧妙地提醒

上司不是完人，也会有出错的时候。站在企业的角度，我们应该提醒上司，避免让企业的经济效益及上司的个人威望受到损害。而且忠言不一定非要逆耳，员工应该学会间接地、巧妙地提醒上司。

成功经验

作为员工，我们应该及时并且善于把自己的想法告诉老板。一方面，老板会帮助你改正错误的想法，提高你的思维能力；另一方面，对于一些好的想法，老板会很乐意采纳，并由此看出你的忠诚，给你提升的空间。所以，我们应该善于分享，并且把握好与老板沟通的技巧和方法。

忠心耿耿，维护公司利益

一个忠诚的雇员必然是维护公司利益的。忠诚是评价一个人是否具有良好职业道德的前提和基础。毋庸置疑，老板更倾向于选择忠诚的员工，哪怕其能力在某些方面稍微欠缺一些。一个员工固然需要精明能干，但再有能力的员工，不以公司利益为重，仍然不能算一个合格的员工。

职场案例

记得有一位总裁在谈及自己的用人之道时说道："我的用人之道中一个很重要的标准就是忠诚。当我们争论一个问题时，忠诚意味着你敢于把自己的真实想法告诉我，不管你认为我是否喜欢它。意见不一致，在这一点上，让我感到兴奋。但是一旦做出了决定，争论终止，从那一刻起，忠诚意味着必须按照决定去执行，就像执行你自己做出的决定一样。"

国外有家钢铁公司发生过这样一件事：有一个入职不到一个月的职员，发现炼铁高炉的出渣口排出的炉渣中的矿石，有一些没有被充分冶炼。他认为这是公司的损失，于是向炼铁工人的头儿汇报。头儿说："不可能的，如果和你说的一样的话，工程师会告诉我的。可是他没有告诉我，肯定没有问题。"

这个新职员不甘心，他又找到相关的工程师反映了这个问题，工程师不屑地对他说："不可能出现你说的问题，我们的技术是世界上最先进的。"

新职员还是觉得这是件很重要的事，于是找到了公司的总工程师。总工程师被他坚持不懈的态度打动了，于是召集了公司负责技术的人到车间检查。结果发现，监测机的一个零件出了问题，导致了矿石没有被充分冶炼。

这个新职员一心维护公司利益，让公司避免了巨大的经济损失。结果，公司把他提拔为控管组长。

一个人无论处于什么样的级别，如果能够站在整个公司利益的角度上，大胆提出自己的想法、发表自己的意见，那么他的勇气和忠诚就是令人钦佩的。不要因为自己的职位太低或者自己只是一名普通的员工就对整个公司的政策以及决定不置一言。要知道，你没有什么可担心的，因为没有人会嘲笑一个为企业利益着想的人。而且，你的老板会为你的忠诚感到骄傲。要知道，你是企业中有活力的一分子，而不仅仅是执行任务的僵化的机器人。

职场宝典：如何最大程度维护公司的利益

发现问题就要及时汇报

你如果发现了企业中存在的问题和隐患，是选择视而不见还是选择大胆讲出来呢？那些选择前者的人，往往是对企业不负责任的人，他们本质上也是对自己不负责任的人；而那些选择后者的人，才是企业真正的主人，具有企业家的品质。

工作时间不干私事

公私分明是每个员工必须遵守的职业纪律和职业道德。这就要求每个员工在工作时间不要干私事，更不能干私活儿。在上班时间干私事，不但会影响自己的本职工作，更会给办公室带来一种极不严肃的氛围，影响到同事的工作。因此，请不要在工作时间干私事。

公私分明，不从公司"揩油"

有的员工很喜欢占公司的便宜，小到一张纸、一支笔，大到公司的办公设备。总之，只要有可占的便宜，他们绝对不会放过。"揩油"这件事，其实反映了一个人的职业操守和道德水准的低下，也是严重违背"维护公司利益"这个出发点的。我们应该要求自己不占公司一点儿便宜，否则我们将来很可能一步步走向犯罪。

成功经验

维护公司利益，要从我们每个人的实际行动出发，体现在具体的行为规范上。同时，我们要用心去维护公司的正常运转，不能让自己成为企业前进路上的绊脚石。要及时改正自己的坏习惯和做事方式，适应公司整体前进的步伐。

在诱惑面前经得住考验

在这个社会里充满了各种诱惑。好环境、高工资、广阔的发展前景，说不定什么时候我们就可能掉进陷阱。诱惑随时可以让一个人背叛自己信守的道德、情感和原则。很多公司都有这样的员工：他们为了一己之私，不顾老板和企业的利益，将企业的商业机密出卖给别人。虽然这样做能获得一时利益，但长期下来，损害的将是自己的职业声誉和前途。

职场案例

凯丽曾是某家跨国报业集团的记者。尽管她只有两年多的工作经验，但是由于工作努力，早已名声在外。但是工作了两年，她还停留在记者这个职位上，这让她心里有一种不平衡感。半年前，凯丽面临一个选择，有一家新创建的报社要挖凯丽去做副主编。凯丽欣喜若狂。尽管身边很多人都提醒她新企业发展会不稳定，尽管上司提醒她留下来会有很好的发展，但凯丽置若罔闻。

由于自身经验不足，在新岗位上，凯丽尽管很努力，却始终无法胜任副主编的职位。而报社也因为经营和投资方面的种种问题，不到一年时间就偃旗息鼓了。凯丽只当了10个月的副主编就成为失业人员。更要命的是，凯丽现在有一种高不成、低不就的就业心理，因而迟迟找不到工作。

凯丽的故事提醒我们：金钱、地位固然是每个人都想要的，但是跳槽却并不一定可以帮你"升值"。相反，那些在一个职位上顶得住诱惑、耐得住寂寞的人，往往最终会获得命运女神的青睐。

职场宝典：如何在诱惑面前经得住考验

给自己理智地定位最重要

尽管我们充满自信，但我们必须要对自己的能力做一个明确的定位。像上文所讲的凯丽，她没有给自己做一个明确的定位，导致她接手了不能胜任的工作，既影响了自己的发展，也影响了企业的运营。所以，我们在面临机会时，一定要给自己一个准确的定位。如果不能胜任，那就不是机会。

不要因金钱而毁掉自己的前途

用丰厚的金钱买断职业的可持续发展，想来一定是件不划算的事。公司每天都在发生着与钱有关的谈判和交易，很多人都在为公司和自己的钱奔忙。每位员工要以维护公司利益为第一原则。任何在公司经营活动中牟取私利的行为都是不能被原谅的，若触犯法律法规，后果可想而知。作为一名员工，不要忘了自己的角色。你需要为企业争取利益，而不仅仅是为你自己争得利益。只有企业发展了，你个人才会跟着得到发展。有时候，企业与个人在利益上会发生冲突。这时你千万不能把企业利益置之度外，使自己铸成大错。

提高自己的职业道德

职业道德是职业的要求，也是为人处世的要求，它更体现了一个人的人格和尊严。如果你能具有认真而忠于职守、充满热忱且积极主动、公私分明等素养，你就很容易在工作中游刃有余，在职场道路上一帆风顺，在人际交往中令人钦佩。

成功经验

　　每个人都会面临来自外界的诱惑。坚定职业目标，在诱惑面前三思而后行，全力维护公司和老板的最大利益。忠诚是对事业负责的动力。真正高素质的员工，其忠诚应该体现在以企业利益为主的全方位考虑中，这种忠诚才是现代社会保持组织优势的根本基础。

素质二：
敬业

随着社会进步，

人们的知识背景越来越趋同。

学历、文凭已不再是公司挑选员工的首要条件。

很多公司在雇用员工时，

先要考察这个人是否敬业，

其次才是专业水平。

工作的目的
不仅仅在于报酬

一个永恒不变的事实是：职位的升迁、薪水的提高，是建立在把自己的工作做得比别人更完美、更正确、更专注而不计报酬之上的。那些只为薪水工作的人，往往忽视了这个重要的事实，从而让自己永远处于被动的局面。

职场案例

大家都知道卡罗·道恩斯很有钱，现在他的资产已达到上千万。他从公司退休后，担任南方政府联盟的顾问，年薪只有象征性的1美元，但是他仍然不遗余力，乐此不疲。也许你会说，道恩斯那么有钱，他根本不在乎年薪。真的是这样吗？

道恩斯所拥有的巨额资产不是通过祖辈的积累或者意外的幸运得来的。他最开始只是一名普通的银行职员，后来转行到一家汽车公司工作。在工作了半年多之后，他认为自己已经具备了晋升的资格，于是写信向老板杜兰特毛遂自荐，希望老板能够给自己一些施展才能的机会。很快，他从老板那里得到了答复："想锻炼自己，很好，现在就任命你负责监督新厂机器设备的安装工作，薪水照旧。做得不好，还会扣除你部分薪水。"

道恩斯没有受过任何有关机器设备方面的培训，连图纸都看不懂。但是，他相信会有办法的，他可不愿意主动放弃任何机会。于是，他充分发挥自己的组织才能，自己花钱找到一些专业技术人员，提前一个星期完成了安装工作。后来老板在提到这件事情时说道："我知道你看不懂图纸，如果你随便找一个理由推掉这项工作，我可能会让你走。"做好这件事情之后，道恩斯赢得了老板的信任，后来又被不断地委以重任，职位自然也不断获得提升，薪水也拿得比当初想象的还高。

一般说来，明智的老板在鼓励员工时会说："好好干吧，将你的全部本领展现出来，有更多的重担在等着你呢！"这时候，不要抱怨。要知道，与重担相伴而来的自然是职位的晋升和薪水的提高。这也是我们常常看到一些职位低、薪水少的人，忽然间被提升到一个重要位置的原因。这一切乍看起来似乎莫名其妙、不合情理，他们的工作能力也常常遭受人们的质疑。但经过一段时间后，人们就会发现他们之所以得到晋升，是因为他们的确具备了晋升的资格。他们无论身处何种职位，都不会放弃努力，始终保持一种认真负责的工作态度。他们对自己的工作、对整个公司都满怀希望和热情，积极进取，积累越来越多的经验，在为公司创造价值的同时也实现了自身的价值。因此，你要做的就是像他们那样，对每一件事情都付出十分的热忱，对人友善，不计报酬，踏实肯干。

如果你花费太多的时间抱怨你的职位或薪水，想想看：你的老板听到后会怎么想？他会认为你对工作没有责任心，只关心薪水。如果你是老板，面对这样的员工，你敢委以重任吗？

不为薪水而活，为事业而努力，薪水往往会自然提高。所以，我们应该把目标定得高一点，把工作的重点放在创造价值上，而非只为了追求薪水。正如卡耐基所说："人生必须有目标，追求理想的人，要能避开'一切向钱看'的侵袭，才算是走上了成功的第一步。"

停止抱怨，开始努力

现实中，总是有太多的员工因自己薪水少抱怨，不断地为自己的懒惰和无知寻找各种借口。有的说老板对他们的能力和成果视而不见；有的说老板太吝啬，付出再多也得不到相应的回报……

要知道，任何人都不会一开始工作就能将自己的潜能全部发挥出来，出色地完成每一项任务。同样，也很少有人一开始就能拿到很高的工资。因此，当你在付出自己的努力时，你的潜能也会得到进一步的展现，你所做工作的质量肯定有进一步的提高，你的老板也会逐渐改变对你的看法，你也会逐步得到重用，从而得到更高的职位和薪水。

制订远大目标，为未来做准备

如果你发现你的老板对你的努力视而不见，那不是你的错；但如果你因为老板对你的努力视而不见，而自己懈怠了，不再追求进步，那就是你的错。请坚信，人生不光只有现在，还有更长远的未来。将自己的目标定远一些，现在的努力是为了未来的回报。

成功经验

世界上太多的人工作只是为了获得更多的消费资本，他们因为一点点的薪水斤斤计较，所以也一辈子平平庸庸。你如果兢兢业业、严于律己，能从自己的工作中得到比薪水更有价值的东西，那么就超越了芸芸众生，迈向了人生更大的成功。

为客户提供超值服务

无论我们做什么，其实都是在为别人服务。在企业内，你服务于你的老板、同事；在企业外，你服务于你的客户；回到家里，你甚至还要服务于你的家人。所以，要想成为一个卓越的职业人，就应该有一种为别人提供超值服务的想法。这也是敬业精神的体现。

▌职场案例

几年前，我的办公室电脑设备需要更换，便打电话给IBM的一个分公司购买一套电脑设备。他们对售后服务的重视让我深感佩服。IBM的销售经理正好是我的一个客户，我在和他会谈时说起了这一点。

"如果你想了解我们公司，就必须了解我们的三个最根本的原则：第一，对个人的尊重；第二，我们力求为世界上任何公司提供最好的服务；第三，我们努力生产出最优质的产品。我们如果不继续为用户提供尽可能好的服务，不考虑用户的利益，就有可能失去用户。让顾客满意了，公司利润自然就会增加。"这位销售经理自豪地说。

当然，我更感兴趣的是第二点。他的介绍确实表明他们的推销员为顾客提供了最佳的售后服务。

IBM公司的销售员在他们第一次培训期间，将花一个月时间在下属的分部进行观察。他们同分部人员交流并了解IBM公司的产品销售情况，接着被送往培训中心学习。在一期培训结束后，这些受训人员再回到公司原先的分部，在一两个月时间内利用所学到的知识进行现场实践。在此之后，他们再到培训中心接受更高一级的培训，然后再到分部进一步实践。

在最后的模拟销售训练阶段，销售员要学会怎样在自己负责的区域内开展推销活动，了解并预见顾客的需求，制订出详尽的工作计划。培训结束后，他们对产品已经有了全面而充分的了解，并且懂得了如何操作。接下来，他们还要在同行面前进行几周的示范练习，以学习步入实际环境、真正面对顾客时的方法。经过这样培训的推销员都是某一专门领域的行家。他们能够懂得客户的语言并与之交流。他们能了解客户的问题。

在IBM，产品要等到安装完毕才算是成功地售出。销售员要经过产品的安装阶段，包括教用户怎样具体操作，并演示怎样合理使用他们的产品。

不仅如此，他们还有进一步的服务。销售员将同顾客保持联系，商讨一些问题，例如：找出产品的新用途证明投资该设备确实划算。

服务第一。对每一个职业人来说，这绝不应该仅仅是一个口号、一句空话，而是必须时刻牢记在心并且落实到行动中去的一个准则。失去一个客户很容易，得到一个客户并维持住却很难。

职场宝典：努力把自己塑造成为专业的服务者

不断增强你的服务意识

人在社会中，不论干什么工作，其实都是从对给予别人的服务中得到酬劳。你能提供价值多少的服务，就会得到多少回报。你如果一点儿都没有服务，势必无法在这个社会上立足。服务意识从哪儿来？你要不断地学习，你可以向你的老板、同事、下属、企业的外部客户学习，看看他们是如何做服务工作的。

服务中无小事

你必须注意，服务无小事。可以说，服务力是在小事中得到充分体现的。你可能是写字楼里的白领，认为服务行业离自己很远。那么你想过吗？你的工作其实也是服务：你有没有把企划书及早地交到老板那里去？公司来了客户你有没有招待好？你有没有为同事的工作提供便利？这些都是小事，但小事中却尽展你的"职场服务意识"。

服务的目的是双赢

你还应当对服务有一个正确的理解，服务并不是要你卑躬屈膝，更不是要你服侍他人，而是与服务对象平等交流、接触，向他传递愉悦和价值，以达到与之共赢的目标。在竞争激烈、产品差别不大的今天，如果你想成为职场里的赢家、客户心里的能人，就得增强服务能力，成为一个不折不扣的服务者。

成功经验

为你的工作增值、为你的客户提供更多的选择、为你周围的人奉献更好的服务，可以大大提高你的竞争力，让你更容易超越同事和同龄人，在职场这条路上越走越远。

模糊"上班时间"
与"下班时间"

想成为具有敬业精神的人，首先要把个人利益放在一边，模糊"上班时间"和"下班时间"之间的清晰界限。这是因为，如果一个人在工作中把精力全部集中在"上班不迟到就行"和"下班准点回家"上，那么他对工作的态度也很有可能变得消极起来。

职场案例

在全球著名的希尔顿大酒店流传着这样一个故事：

两个年轻的大学毕业生杰克和汤姆应聘到希尔顿酒店。起初他们对终于有了光明的前途而感到非常兴奋，但是很快两人就发现酒店并不是很重视他们，因为他们被安排去打扫楼道。上班第一天，杰克和汤姆工作都很积极，尽量表现自己。然而这样一过就是两个月，他们俩还在打扫卫生。在这期间，杰克一直在不断地埋怨酒店和经理，也懒得干活儿，整日踩着点来上班，到了下班时间就赶紧冲出酒店回家休息。

汤姆却一如既往地认真工作，很少发牢骚。他把这些当成是对自己的锻炼和考验。每天他吹着口哨，很早就来到酒店，准备开始一天的工作。下班时间到了，他也不急着走，他想的是作为一名新员工，应该多做一些，把工作做到位才行。

三个月过去了，杰克实在忍不住了，递交辞呈。接着又过了一个月，汤姆被叫到经理办公室，经理任命他为客房部主管。

在这个案例中，杰克的态度是消极的，并把这种消极情绪带到工作中，从而工作也干不好。汤姆却时时注意不让消极情绪影响自己，保持积极肯干的工作状态，最终得到了提升。事实上，对待上下班的时间问题，体现的正是职业人对工作的态度。你只管相信这点好了：一个准点上班、准点下班的人绝不会将全部心思扑在工作上，也不会是与公司同呼吸、共命运的人。

▎职场宝典：要做工作的主人，而不是奴隶

早点儿到公司做准备

一个很好的建议：提前半小时到公司。提前到达公司，说明你十分重视这份工作。而且，每天提前一点儿到达公司，可以好好地对自己这一天的工作做个规划。当别人还在考虑当天该做什么时，你早就已经开始自己一天的工作了。这样的话，你就走在了别人的前面！

完成任务再离开

千万不要给自己一个不负责任的理由。在你没有完成任务的时候逃离办公室，这样容易耽误公司的总体计划，同时，也会影响你明天的工作安排。养成这样的习惯，对个人的成长也极为不利。做事拖沓的人，往往比执行力强的人进步缓慢得多。

利用下班时间学习

当你觉得工作起来有些吃力，或是想进一步提高自己的时候，为什

么不选择在下班之后多在公司里学习一下呢？现在的公司，大多是属于开放型的，一般容许员工在下班之后留在公司加班。你可以把这段时间用于学习公司的各种产品知识、运营流程上，这对你的将来是有很大帮助的。

成功经验

模糊"上下班时间"可以帮助职场人士更专注地完成任务，让自己始终保持"今日事今日毕"的状态，让自己成为具有卓越执行力的人，同时也是高度敬业的人。

完成工作再休息

职场中总是不乏很有希望成功的人——在别人眼里，他们能够而且应该成为非凡人物，然而他们却最终没有成功。原因何在？一个重要原因就在于他们不愿意付出与成功相对应的努力，而是投机取巧。成功是令人瞩目的，但它同时也是付出辛勤与汗水换来的。

▌职场案例

莎士比亚说："让身体劳累和痛苦的工作，会带来精神的愉悦和轻松。"这无疑有些文人的修饰在里面，然而实际上联邦快递人正是这样感觉的。

联邦快递公司的一个分公司最近有一个客户，他们原来没用过联邦快递的服务，想用一次试试看，就突然通知联邦快递公司一天要发两千件货。这是一项很繁重的工作，需要运送、财务等部门的很多人分工合作，要花费很长时间。但员工们热情很高，接到任务后马上就干，一直忙到第二天凌晨两点才干完。第二天，客户知道他们第一天交的货物已经被发送到其他国家的目的地了，于是又把剩下的一千多件货交给联邦快递公司。员工们士气依然很高，他们把工作全部接下来，又是忙到很晚才回家。忙完后，大家都感到很快乐，认为自己帮了客户和公司一个大忙。客户当然也非常满意。

联邦快递人相信勤奋敬业的态度成就事业。联邦快递几乎是全球第一个把态度视为一种资源的企业，也是当前全球最重视培养员工职业态度的企业之一。

1973年，联邦快递公司创立两年之后，因经营不善不得不进行重组。创始人和员工们都聚集在孟菲斯城，大家都愁眉苦脸。他们当中有一个身材高大、神情倔强、一脸灿烂的年轻人问道："伙伴们，我们有资金吗？"大家道："没有！"他又问："我们掌握什么特殊技术吗？""没有！""我们有其他外部资源吗？""没有！""那我们靠什么来做联邦快递呢？""是呀，我们靠什么呢？"大家面面相觑。他看着大家坚定地说："靠我们的态度，我们满腔热情的态度，我们坚定必胜的态度，我们愿意为之付出一切努力的态度，我们要做世界一流品牌的态度。我们是一个积极开创事业的团体，我们是一个有着共同目标的团体。"这个年轻人就是后来著名的管理大师弗朗希斯·麦奎尔。在此后的20年间，联邦快递人的"态度财富观"改变了整个世界的经营理念。"态度成就事业"成为世界500强的许多公司的管理理念，并创造了许许多多的商业奇迹。

弗朗希斯·麦奎尔问大家的话如果拿来问职场中的你："你有钱吗？你掌握什么特殊技术吗？你有其他外部资源吗？"如果答案都是否的话，那你凭什么比别人都成功呢？只能凭态度！你要像联邦快递人一样，用勤奋敬业的态度让自己成功！

职场宝典：勤奋和坚持是你的筹码

脚踏实地地工作

为什么那些脚踏实地的人更容易得到老板的重用呢？这是因为，老板在委派工作任务时，除了考虑个人的工作能力外，还会考虑个人的人品和道德。德才兼备的人才是老板委以重任的首选。那些脚踏实地的职业人往往属于这个类型。所以，他们能被老板重用也就不足为奇了。

把勤奋看成一种美德

科学家的研究表明：勤奋工作、专注于某一项活动能够刺激人体内特有的一种荷尔蒙的分泌，能让人处于一种愉悦的状态。研究者发现，工作能发掘人的潜能，让人感到被需要，给人以充实感。勤奋工作的态度，不仅是高效、优质完成工作的前提，而且勤奋的工作态度还会给人带来真正的乐趣。因为具有这种态度的人将工作视为学习经验的机会，把每一项工作都视为个人成长的机会。因此，工作所给予他们的要比他们付出的更多。

克服拖延的恶习

一个人若想在自己的职业生涯中取得成功，就必须克服自己的惰性。从现在开始，不要把事务拖延到一起去集中处理，而是行动起来，立刻去做正在经手的每一件事。不要有那种"我一会儿再做"或者"这件事情并不紧急，我明天再做"的想法。

成功经验

　　一位先哲说过："如果有事情必须去做，就积极投入去做吧！"我们将勤奋变成一种习惯时，就能从中学到更多的知识、积累更多的经验，就能从全身心投入工作的过程中找到快乐与自信，同时得到同事的称许与赞扬、赢得老板的器重。

敬业精神，还展现于细节中

"细节决定成败！"这不光是一句口号，也是一种工作精神和工作能力的体现。关注细节的人，不光能够避免可能发生的错误，还能让自己成为创新型人才，实现自己的价值。一个真正敬业的人，不用别人提醒，就会主动把细节做好。

职场案例

在美国，没有不知道乔·吉拉德这个人的，他被认为是"世界上最伟大的推销员"。在汪中求先生的畅销书《细节决定成败》中有这样一个关于乔·吉拉德的故事，很好地体现了细节对效益的巨大推动作用。关注工作中的细节，往往会让工作进行得更顺利，这正体现了效率。

乔·吉拉德被认为是"世界上最伟大的推销员"。这在美国，无人不晓。乔·吉拉德的成功也很得益于他在细节方面的追求。下面这个小故事就说明了这一点。

有一天，一位中年妇女从对面的福特汽车销售商行出来，走进了吉拉德的汽车展销室。

"夫人，欢迎您来看我公司的车。"吉拉德微笑着说。

这位妇女说："我很想买一辆就像我表姐开的那种白色的福特车，但是福特车行的经销商让我过一个小时再去，所以我先到这儿来瞧一瞧。"

妇女继续兴奋地说："今天是我55岁的生日，我想买一辆白色的福特车送给自己作为生日礼物。"

"祝您生日快乐，夫人！"吉拉德热情地祝贺道。随后，他轻声地向身边的助手交代了几句。

吉拉德领着妇女从一辆辆新车面前慢慢走过，边走边介绍。当走到一辆雪佛莱车前时，他说："夫人，看得出您对白色情有独钟，瞧这辆双门式轿车，也是白色的。"

就在这时，助手走了进来，把一束玫瑰花交给了吉拉德。吉拉德把这束漂亮的花送给妇女，再次说道："祝您生日快乐，夫人！"

那位妇女深受感动，激动地说："先生，太感谢您了，已经很久没有人给我送过礼物了。刚才那位福特车的推销员一定以为我买不起新车，因为他看到我开的是一辆旧车，所以在我提出要看一看车时，他却推辞说需要出去收一笔钱。我只好上您这儿来等他。现在想一想，我也不一定非要买福特车不可。"

后来，大家可想而知，这位妇女就在吉拉德那儿买了一辆白色的雪佛莱轿车。

类似的细节故事有许多，这种细小行为，为吉拉德创造了空前的效益。有一年，他曾经卖出1425辆汽车，这在同行中广为流传。由于他在销售领域所取得的辉煌成就——12年推销13000多辆汽车，《吉尼斯世界纪录大全》称他为"全世界最伟大的推销员"。

所以，真正敬业的人懂得关注细节。当你真正关注工作中的重要细节和信息时，高效率、好成果、尊敬、荣誉、升迁等正面的事物就会向你迎面走来，你所向往的一切东西会变得容易得到甚至是触手可及。

职场宝典：如何把细节做到位

重视工作中的小事

很多职业人会发出这样的感慨："做这样毫无意义的小事有什么用呢？"可是事实真的如此吗？比如对客户微笑这种小事，在一般人眼里不算什么，但是希尔顿酒店的创始人可不这么想。

被称为"世界旅馆之王"的康拉德·希尔顿就是一个注重细节的人。康拉德·希尔顿告诉他的员工："大家牢记，万万不可把我们心里的愁云摆在脸上！无论饭店本身遭遇何等的困难，希尔顿服务员脸上的微笑永远是顾客的阳光。"正是这小小的永远的微笑，让希尔顿饭店遍布世界各地。

对事情进行深入了解

细节的大敌就是只做表面工作。把工作停留在表面是一件既让自己痛苦又让别人痛苦的事情。这个感觉就像你娶了一位夫人，却不在她身上花心思，两个人缺乏深入交流，最终痛苦地分道扬镳。只做表面文章，不可能看到事物的全部，也不可能了解事物背后的原因，不可能把细节做好，更不用说使事情成功了。只有真的下功夫，对事情进行深入地了解，才有可能做好细节。

多一分细心，多一分收获

如果你能在工作中多一分细心，你就有可能多一分收获。那些创新型人才，无不是在平凡的工作中发现了可以改进或可以进行创造的突破口，一下子变成创新者，改变了自己的命运。所以，多去观察和思考，你就会多一分成功的概率。

素质三：
自动自发

一个人，

只要能自动自发地做好一切，

哪怕起点低一点儿，

也会有大发展。

因为这样的人无论到哪里，

都受老板的欢迎。

从"要我做"到"我要做"

你不见得不好、能力不见得低，可是，若你永远等着上司给你安排任务，就会处在"不推不走、不打不动"的状态。没有老板喜欢这样的人，真正有"职商"、升迁迅速的员工也绝对不会这么做。

在许多人抱怨工作难找的今天，老板们也在感叹"人才难求"！老板要找的是什么样的人才？是那些能够积极主动做事、主动创造价值的人。

有一个耳熟能详的故事，说两个年轻人同时受雇于一家杂货店，拿同样的薪水。可一段时间后，名叫约翰的店员青云直上，而名叫汤姆的店员却在原地踏步。汤姆不满意老板的不公正，跑到老板那儿发牢骚。

老板开口了："汤姆，你到集市上去一下，看看今天早上都有什么货。"汤姆从集市上回来，汇报说："只有一个农民拉了一车土豆在卖。""有多少？"老板问。汤姆赶紧又跑到集市上，然后回来告诉老板一共40袋土豆。"价格呢？"汤姆第三次跑去问了价格。"好吧。"老板说，"现在请你坐在这把椅子上一句话也不要说，看看别人是怎么做的。"

老板喊来约翰，说："你到集市上去一下，看看今天早上都有什么货。"约翰很快从集市上回来了，并汇报说："到现在为止只有一个农民在卖土豆，一共40袋，价格是每斤0.75元，质量很不错。"他还带回一个给老板看。他又告诉老板，今天有个农民铺子里的西红柿又大又新鲜又便宜，卖得很快，库存已经不多了。他想这么便宜的西红柿老板肯定想进一批，所以他不仅带回了一个西红柿做样品，而且把那个农民也带来了，他现在正在外面等着回话呢。

此时老板转向了汤姆，说："你现在肯定知道为什么约翰的工资比你高了吧？"

故事中的汤姆是"等命令的手"，推一步走一步，所以甭说加薪了，老板没辞退他就算客气的了；约翰是"思考的脑"，全盘考虑、主动去做，想不被老板认可都难。记住：老板雇你来，是希望你成为按下按键就吐出成品的自动化流水线，而不是每一步都费力操纵的机械工具。许多人抱怨薪水低，却不想想自身的价值是多少。对待真有价值的员工，老板绝对不会吝啬。

职场宝典：如何做个自动自发的人

没事时要主动去问

有一个外国笑话：一位公爵夫人把家中的仆人叫到跟前来，问他："鲍勃，你在这里干了多少年了？""30年了，夫人。""知道你在这儿的工作是什么吗？""看狗。""那只狗死了多长时间了？""27年了。您现在想要我干什么，夫人？"

记住：当你在为占了"便宜"窃喜的时候，危机就来了。老板没给你活儿，却一分钱没少付你，这样的状态绝不会持久的。所以，手头一没活儿，要去问。现在就问，马上就问！

培养发现"活儿"的眼光

有一个企业在招收员工，他们让应聘者从外面走进主考官的办公室面谈。过道上扔着一把笤帚，结果，视而不见的应聘者一律"向后转"走人，主动将它扶起放到墙边的人被录用。

从这种考察人的方法中，我们可以看到，社会需要的是眼中有活儿的人。无论你身在何处，从事何种工作，能主动"看到活儿"都是你受到赏识和重用的必备素质。

养成主动的习惯

另外一个企业在招人时，每次有人面试，面试官都会先给对方倒一杯茶。面对这杯茶，大家的反应区别很大：一些人看到有人给倒茶，一动不动，心安理得地在椅子上稳稳地坐着；一些人将茶杯拿起来放到边上，连声称谢；另一些人会站起身来，抢过茶壶，说"我来，我来"。通过这一杯茶，面试官就能看到不同人的素养：第一种人连基本的礼貌都不懂；第二种人虽有礼貌，但不够主动；第三种人是最能积极做事的人。

这种主动应该融入我们工作的各个方面，比如对没有回音的客户主动去跟踪，把项目进展情况主动向老板报告，主动给予同事配合等。只有这样，你才能充分发挥能量，从而被老板重用。

主动做一些"分外"事

扩大"承担圈"，放大"成功圈"。许多人都认为做好"分内事"就够了，殊不知这种思想是大错特错的！只有你愿意多做事，别人才会给你更多的机会，你也才能学到更多的东西。那些希望在职场中有所建树的人，不妨考虑多去承担一些"分外"事。

职场案例

汤姆在一家大型的跨国汽车公司的技术支持中心当工程师。当时，公司每月都会为职工发一张业绩单，单上列有考核标准，其中包括员工每个月花了多少时间在客户身上、完成了多少任务、解决了多少客户的问题，等等。

有一天，汤姆拿到业绩单之后，对它进行了一番研究。手中的业绩单是上个月的业务成绩，自己要等一个月才能知道上个月做得怎么样、在整个队伍里处于什么样的水平。他想，如果可以比较快地从数据库内部得到这张业绩单的话，岂不是更好？从员工的角度讲，这样可以更快地得到自己工作状况的反馈信息，很好地为自己接下来的工作定位；从经理的角度讲，这样则可以更好地对员工进行调配和督促。

与此同时，他又针对现有的业绩单的设计进行了一番分析。汤姆注意到，现行的月报表系统太过笼统，并没有把意外情况考虑进去。当时技术支持中心只有三四十人，人员略显不足，如果遇到新产品发布等原因业务量突然增大，或者一两个员工请病假，很多工作就会被耽误。这样就会影响工作效率，直接遭到客户的投诉。

　　汤姆觉得这两方面都是技术中心主管需要关注的。后来汤姆又了解到，当时自己公司所使用的业绩单的样式是直接从公司总部照搬过来的。总部人员众多，也许报表存在的问题没有像自己所在公司这样突出。于是，汤姆决定要为这张业绩单改头换面。

　　于是，在接下来的几周里，汤姆利用休息时间对自己所在公司的整体状况做了一些了解，并花了两个周末的时间，设计出了一个具有他所期望的功能的业绩报表小程序，并向分公司的经理展示了自己的这个小程序。经理看后，觉得汤姆的想法和小程序非常有价值，鼓励并支持他继续对这个报表进行改进，并在一些细节上为他提供了一些很重要的信息。就这样，在汤姆的积极探索及经理的大力支持下，一份新的业绩报表产生了。之后，汤姆根据实际情况，又不断对这张报表进行改进。这张报表最终定型以后，得到了公司总部的重视。这张报表在其他分公司推广运用也极为有效。

　　汤姆出色的创新性工作为自己赢得了重要的升迁机会。他积极主动的表现让公司的高层认识到他潜在的能力。正因为如此，如今，汤姆已经成为这家公司总部的一名经理，掌管着公司总部的技术设计工作。

　　主动做"分外"事成就了汤姆。大家都知道"用进废退"的原则，长颈鹿的脖子也不是天生就那么长，人也不是天生就能够直立行走。如果你希望在职场中学到更多东西，获得更多机会，就应该主动把你的手臂伸向自己"分外"的事；如果你想在职场中停滞不前，那么你就只管好你自己的那一摊儿，大可不必理会太多。

职场宝典：把"做分外事"当作人生成功的催化剂

多走一里路，交通不堵塞

西方有句名言，叫作"多走一里路，交通不堵塞"。用在职场中，就是告诉人们应该多做一些"分外"事，以便自己在职场中一路畅通。

把"做分外事"当成自己的乐趣

想想看：你做分外事的时候会不会感觉到快乐？例如帮助同事，同事会给你微笑和掌声；帮助客户，客户会把你当成自己人；帮助其他部门做一些事，会消除两个团队之间的隔阂。总之，做这样的事，既锻炼了自己的能力，也获得了大家的青睐。这是多么令人开心的事。

在做分外事中提高自己的能力

我们每个人并不是生下来就会多种技能的，而是在学习和工作的过程中获得了技能。但是如果每天只是埋头做好自己的本职工作的话，那么你的技能就不可能获得更大的提高。所以，你就有必要做一些"分外"的事。

成功经验

把"分外"事当作自己的事，你的水平就能获得极大的提高。今天的职业人，应该适应各种职位的需求。坚持做"分外"的事，也许就在不久的将来的某一天，你的老板会把一封升职信放到你的桌子上。

增强行动力，
做"行动的巨人"

在公司中，有些人总是上级让干什么就去干什么；有些人是说的比做的多，做事心不在焉，把心思放在别处；还有一些人具有快速行动的能力，敢想敢做，先做后说。在这三类人当中，成功会属于谁？理所当然应属于第三类人！

职场案例

吉姆是一家合资企业的老总，他很注重对员工行动力的培养。有一天，他召集了几个平时表现出色的高级主管，告诉他们说："我今天有一个新的改制计划，就是把几个部门的内部制度进行融合、调整、更新。在进行这项工作之前，你们几位先用一个礼拜的时间到外地的各大企业做一个全面的调查，然后把你们的所见所闻给我汇报上来。20分钟后开始执行！"

吉姆回到办公室，在暗中观察几位主管的动向。有几位主管在一块儿议论："天这么热，这么多企业让我们如何调查啊？就是有了新的改革方案，老总也不一定依据我们的调查结果修改原先的计划啊。"他们犹豫不决，只顾抱怨，迟迟没有开始行动的意思。最后，有一个年轻的主管走了过来，对其他几位主管说："哥们儿，时间不早了，咱们快点儿行动吧！反正只有一个礼拜，出去走一走也算长点儿见识啊！"

一个礼拜过去了，他们都提交了调查报告。这位年轻的主管得到了提拔，出任市场部的经理助理。吉姆的理由是：我必须挑选那些能快速行动完成任务的人。

快速行动，快速成功。如果老板交代下来的事你都不能快速行动，那还怎么指望你能在别人不交代的时候主动去做呢？

现实生活中有许多自视有才却满腹牢骚的人。他们埋怨公司不让自己发挥才能，把自己的理念说得天花乱坠。既然你这么有才，干吗不做出点儿事情让别人看看呢？真让他们去做事时，他们就一脸的不情愿，猛吐苦水。这样的人是标准的"语言的巨人，行动的矮子"。

如何化"语言的巨人"为"行动的巨人"才是我们真正要想的事，也只有做到这一点，你才能有未来。

职场宝典：如何成为"行动的巨人"

首先要端正态度

到公司工作以后，能否胜任这份工作，关键是看你自己对待工作的态度。有了好的态度，即使是自己以前没学过的知识也可以在工作中逐渐掌握。态度不好，就算自己有过硬的知识基础也不可能把工作做好。

工作中，要多看别人怎样做、多听别人怎样说、多想自己应该怎样做，然后积极主动地去做。经常埋怨这、埋怨那，只会影响自己的情绪，不但做不好工作，还增加了自己的压力。所以，要看到公司好的一面，对存在的问题应该努力解决而不是去埋怨，多做少说，这样才能取得成功。

从小事做起

记得曾经有位管理大师说："小事影响品质，小事体现品位，小事显示差异，小事决定成败。"

其实这话一点儿不假。一件小事不仅可以反映出一个人的内心，也可以反映出一个人的品质。无论你是一个普通人还是一个领导者、管理者，都不能不重视小事，不能不关注小事。一个人如果能够重视身边的每件小事，严格对待身边的每一件小事，那么，也就做到了对自己的严格要求、对待工作的严肃认真。因为我们的生活和工作就是由这点点滴滴的小事情构成的。处理好了小事，大事才能办成。

想到别人前面，做到别人前面

当今社会有两种人是永远得不到提升的。第一种人是不肯听命行事的人。即使被人告之多次，他们还是非常不情愿地去工作。第二种人是只肯听命行事的人。他们只有在被告知做什么、怎么做时，才会着手去办。真正能获得提升的是那些主动工作的人。他们比别人想得远，比别人动手快，用事实说话，用行动说话，这样的人无论走到哪里，都会受到老板的欢迎。

成功经验

每一位老板都在寻找能够主动工作的人，都喜欢先做后说、全力以赴的员工，也很乐意和这种人共享事业的成功！从现在开始，为自己也为别人加倍努力，不等别人来吩咐，比自己分内的工作多做一些、比别人期待的多付出一点儿，这样，在不断提高自己行动力的同时，也会从老板那里得到更多的机会。

学会毛遂自荐

毛遂自荐的故事告诉我们，不要总是等着别人去发现你、重用你，只要有才干，不妨自己主动站出来做出应有的贡献。在工作中，没有人推荐，我们可以试着自我推荐一下，让自己承担更多的责任，从而更好地成长、更快地提高。

▌职场案例

李平从大学时代就喜欢新闻工作。在大学时，他就经常参与编辑校内的刊物、撰写文章，表现得非常出色。于是他在大三的时候，就毛遂自荐向大型报社递送自己的简历和作品。

他在毕业的前一年当中，不断地往大型报刊上投稿，发表各种评论和散文小品。不仅如此，他还把发表过的文章整理成册，快递给编辑部，并附上一篇自我介绍，恳切地提出自己适合的、想做的新闻采访路线。

一个月后，他收到了某著名报社的通知，希望他去跟采访主任谈谈。他非常激动地前往报社，跟主任相谈甚欢，采访主任带着他参观了报社，并对他说："很希望你能加入进来，我们也很欣赏你的才华，只是我们现在不缺人。所以，你可以考虑到我们这里实习，等有空缺时我们再正式聘用你。"

他毫不犹豫地答应下来。在那里实习了几个月，就有职位空缺出来，他正式办理了入职手续。在后来报社的工作中，他不断向领导毛遂自荐，要求承担更多的责任，也因此获得了更多的机会。几年后，他就成了编辑部副主任。

李平的成功，完全是他不断毛遂自荐的结果。机会不会随随便便就降临到一个人的头上，主动出击还是守株待兔，完全取决于你自己。

对职业人来说，毛遂自荐的好处显而易见：它可以帮助你得到上级的重视，可以让你的想法变成企业利润的增长。那些善于毛遂自荐的人，比那些不愿意多承担责任的人，拥有更好的发展空间和机会。

▌职场宝典：如何推荐自己

在自荐之前攒足实力

毛遂自荐是获得提升、抓住机会的好方法。但是，我们在自我推荐时，一定要考虑清楚自己的实力。而实力从哪里来？实力来自日常一点一滴的用心积累。

有这么一个地方歌手，他为了进入演艺界，不但积极参加培训、拜师学艺，而且不放过任何一个参加义演活动、提高自己的机会。一次偶然的机会，他得知电视台需要找临时演员，他便把自己的表演做成录影带，放给制作人看。虽然他只是得到了一个微不足道的角色，但是这次自荐成功却开启了他演艺事业的大门。

不畏惧主动推销

被动与主动，结果大不相同。我们如果在面临机会时缩手缩脚，那注定不会有什么大作为。为什么要勇于自我推销呢？

获奥斯卡最佳女主角奖的演员查理兹·塞隆还没出名前，曾毛遂自荐去应聘一个角色。导演嫌她的胸部不够丰满，跟剧中角色不符。查理兹很不服气，当场把上衣、内衣都脱了，跟导演说："我觉得我的胸部足够丰满，您隔着衣服可能看不清楚，现在我让您看清楚一点儿！"查理兹·塞隆毛遂自荐时的自信和大胆举动，让这位导演决定录用她。

自荐时讲究技巧

如果公司有一项任务需要做，而你想毛遂自荐表现一下的话，可以委婉地和老板沟通，说你在这方面有一些经验，很想承担这个责任。与此同时，你也不要把话说死，应给自己留有余地。至于其中要掌握的度，你应该斟酌局面、灵活处理。

成功经验

人生最难得的，就是展翅一搏。而主动请缨，就是职场中展翅翱翔的起点。职业人应该站在老板和自己的角度上思考，主动请缨为老板排忧解难，这既能让你尽展才华，也能让老板高兴。

高标要求：
要求一步，做到三步

　　一个优秀的人会尽力把工作做得超出意料的好，而普通的人只会按照工作的要求做事，做到一般的好。要想摆脱普通，就得养成一个好习惯，那就是，要求一步，做到三步。通俗地说，就是给自己制订较高的目标。这样，既容易达到工作要求的底线，又能够实现较大的突破。

　　美国波音公司与欧洲空中客车公司是世界上最大的两家飞机制造商。这两家公司都历史悠久、工艺精湛，同时也都实力雄厚。一次，利比亚国家航空公司需要采购一批大型客机，就选择了这两家公司作为投标对象。两家公司都提出了极其诱人的条件。在业内人士看来，两家公司的条件都已经无可挑剔了。但是，利比亚最终并没有两家都接受，而是选择了空中客车。原因何在呢？

　　原来空中客车的员工经过调查发现，利比亚国航采购的飞机中有一部分需要在沙漠中飞行，而沙漠中的飞行条件和一般地区还是略有不同的。他们立即将这一情况向空中客车总部做了汇报，并提出建议——改进售出飞机的部分性能以使它适应在沙漠地区飞行的要求。总部对这个汇报立即做出回应。

空中客车公司的投标方案因为额外考虑了飞机需要在沙漠里飞行的特殊情况，使得利比亚国航大为感动，不久便与其签订了购买合同。波音公司则与巨额订单失之交臂。

空中客车的员工，如果不额外考虑利比亚的特殊情况，也不会受到公司的指责。但是，他们用额外的努力为公司赢得了巨大的利益。事实上，这就是完美与不完美的区别：完美绝不仅仅是完成任务，使工作达标。完美意味着要有改进、有超越、有突破。完美的评价标准不是100%，而是120%。

给自己树立一个较高的目标，你就会在工作中永不满足于老板要求的底线。你的智慧和潜力就会迸发出来。当你120%地完成任务时，你就会说："原来我这么出色！"事实上，每个人都能成为公司最优秀的一员。

职场宝典：制订高目标，执行力才会提高

给自己制订较高的目标

如果你接了一个任务，上级让你在两个小时内完成，你就可以力争在一个小时内完成，且质量丝毫不差。如果你的上级让你提供一个方案，那么你可以制作两至三个方案供他选择。这样，你会发现，对于上级的要求，你总可以找到方法超出他的期望。

让别人监督自己的工作

为了实现自己对自己的高标准要求，你可以邀请你的同事、老板在你完成任务的过程中监督你，为你纠偏。我们每个人都戴着一副"眼

镜"，人和人看问题的标准和角度是不同的，而且别人或多或少会有一种挑剔的意识。所以，请别人监督，对我们自己达到工作要求是很有帮助的。

适当地奖励或惩罚自己

对于自己的工作结果，你如果达到了较高的要求，就可以给自己一点儿奖励，例如奖励自己一顿美餐等；你如果只达到了底线，就可以拿出20元的"水果基金"，买一些水果请同事们吃，算是对自己的惩罚，同时也是对自己的鞭策。

成功经验

高标准要求对一个人的成长是非常有利的，这一点不光体现在工作中，也体现在生活中。我们如果总能超越别人对自己的要求和期望，就会成为受人欢迎和尊重的人。当别人在寻找一个出色的合作者时，他们一定会找那些拿高标准要求自己的人。

素质四：
责任感

任何一个老板都清楚，

一个勇于承担责任的员工，

对公司有着重要的意义。

一个人的工作能力也许有限，

但是，

他可以用自己强烈的责任感，

使自己有限的能力发挥到最大，

从而赢得老板的信任，

取得事业的成功。

完成任务是一种责任

职场上有一句话很流行，叫"思想有多远，路就有多远"。一个人的责任心有多强，他的工作就有多出色。责任心永远是职场成功的伴侣。急功近利、投机取巧、华而不实的人，其实缺少的正是责任心。

职场案例

有一个曾经让无数人感动不已的故事：

1968年，在墨西哥一个漆黑、凉爽的夜晚，来自坦桑尼亚的奥运马拉松选手艾克瓦里疲倦地跑进体育场，他是最后一名到达终点的选手。

这场比赛早已结束。因此，艾克瓦里到达体育场时，场上只剩下他孤零零的一个人。艾克瓦里显得很狼狈，他的双腿满是血污，绑着的绷带已经看不出本来的颜色。他努力地跑完最后一圈，到达了终点。

其实，体育场内并非只有他一个人，在远处的一个角落，享誉国际的纪录片制作人格林斯潘恰好看见了这一切。在好奇心的驱使下，格林斯潘向艾克瓦里走了过去，问他为什么还要这么吃力地坚持跑到终点。

这位来自坦桑尼亚的年轻人轻声回答说："我的国家从两万多千米之外送我来这里，不是叫我在这场比赛中起跑的，而是派我来完成这场比赛的。"

完成工作任务就像参加一场马拉松比赛，目的不是参与，而是完成。这期间，你可能感到吃力，感到痛苦，感到遥遥无期，但是你必须要完成它。就像艾克瓦里一样，即使满身伤痕也要完成比赛，只因为这是一种责任。

职场宝典：如何培养工作责任心

端正工作态度

在某一个工作岗位上待了一段时间后，新鲜感会慢慢消失，这时候就需要你对工作有一个正确的态度。任何工作都不可能永远充满挑战、每天都是新鲜的，有时候你需要多次重复同样的工作。这个时候你就必须对此有正确的认识。这就是你的工作，你必须要完成它。

树立危机意识

在中文里，危机是由两个词组成的：一是危险，二是机会。意识不到危机就没有动力，而危机激励犹如一个人在森林中被猛兽追赶，他必须以超出平日百倍的速度向前奔跑。对他来说，前方才是生存的机会。事实上，人们常常会在承受着"危机"的压力下发挥出巨大的潜力。在工作中没有危机感，很难想象你会尽职尽责地完成上司交给的任务，更谈不上超出他们的期望了。

主动承担更多

在某个岗位上待了一段时间后，你就成了老员工。这个时候你不仅需要在本职工作中尽职尽责，还必须肩负起帮助、指导、鼓励新员工的责任，这同样是你责任心的体现。同时，在受到领导批评时，你也不应该把责任推给新员工，而应该主动承担责任，向领导解释原因，再把错误的地方告诉新员工，让其改正，鼓励其下次做得更好。

　　作为员工，你必须时刻保持对工作的责任心。一个优秀的人应该全面提高自己的素质和能力，让自己成为一个擅长履行责任的人。

把每一件小事都做好

工作中无小事。认真对待每一件事，这样的人才会赢得上司的青睐。要知道，没有哪一件工作是没有意义的。只有每一个部分都没有缺陷，整体才完美。所有的成功者都是从小事做起的，他们与其他人唯一的区别就是：他们从不认为他们所做的事是简单的小事。

职场案例

在一家制造厂，有一位叫做山姆的年轻人。他在工厂里专门负责打磨螺丝钉的工作，这份工作让他觉得很乏味。他本来不想干了，但是那时经济不景气，于是他打消了换工作的念头。面对着这份让他觉得乏味的工作，他开始想办法让自己对工作感兴趣。他和旁边的工人比工作的速度：他们一个负责磨平螺丝钉头，另一个负责修平螺丝钉的直径，比赛看谁完成的螺丝钉多。当然，每次胜出的都是山姆。久而久之，工厂的负责人对山姆的快速工作留下了深刻的印象，不久便提升他到另一个部门。而且，这只是一连串升迁的开始。30年后，山姆成了制造厂的头儿。假如他当初没有改变对工作的态度，没有好好干自己眼中的"小事"，也许他现在仍然是个机械工。

很多人可能会羡慕山姆的好运气，因为他的老板注意到了他。可是在我看来，山姆的成功并不是偶然的。他对于打磨螺丝钉这样的小事表现出了一般人所不具备的责任感。其实，每个人所做的工作，都是由一件件小事构成的。因此不能对工作中的小事敷衍了事，不负责任。

成功不是偶然的。一个人对一些小事情的处理方式，已经昭示了成功的必然。如果你能够以一种负责任的态度对待工作，哪怕是小事也能全力以赴，做到尽善尽美，那么何愁做不成大事，得不到老板的赏识呢？

别把小事只做成一般的好

千万不要以为小事情就那么好做。如果没有对工作的责任心，你就不会把小事看得那么重，也就不会以百分百的精力去完成它。如果是这样的话，你就在小事情上陷入了平庸的泥潭中。你不能在小事情上充分展示自己，而只是每天应付公事，等待着在大事情上面大展身手。这是多么天真的想法！可能还没有等到那一天，你已经因为在小事情上的平庸而被淘汰了！

尽心尽力把小事干漂亮

千万不要以为上司只会在重要的事情上去评判下属。上司对你的好印象可能就是从你的一举手一投足中得到的。所以你一定不能对小事情掉以轻心。哪怕是为客户端茶送水这样的小事都需要以一种追求更好的责任心去完成。除非你是天才，有着世界上独一无二的绝技。否则，要想在现在的岗位上有所成就，你就必须摆正心态，做好小事，给上司一个好印象。

在小事中寻找工作的价值

有一句名言，叫作"生活中不缺少美，而是缺少发现"。同样的道理，我们的工作并不缺少价值，而是缺少对价值的发掘。如果仅仅认为惊天动地的大事才会产生真正的价值，那就大错特错了。只要你肯发现，工作的价值就会显示出来。你能将一件细节性工作做得比别人好，这就说明在这一工作上，你比别人发掘出了更大的价值。你如果总是能够在这样的工作中发掘出价值，何愁得不到上司的赏识呢？

成功经验

小事不小。千万不要因为某些工作看上去不起眼而对它们不屑一顾。任何事情中都蕴藏着机会。你可能正是因为在这些小事情上面表现出了责任心，才比别人早一步得到机会。

一诺千金

一个人应当信守承诺，这是一条永恒不变的道德法则。评价一个人道德水准的高低，很重要的一点就是看他是否守承诺、讲信用。同理，对于在职场上奋斗的每一个人来说，对上司、同事、顾客信守承诺，是在职场上取得成功的关键因素。

职场案例

赵艳是一位自由撰稿人。一次，一个公司让她写一本宣传集，并要求赶在星期六的大型企业展览会之前完成。资料和相关图片都是现成的，她只要整理并润色一下就可以了。这对赵艳来说确实不是什么难事，于是她痛快地应允了。

可是，就在她答应为这家公司写集子的第三天，家里忽然来电话说父亲病重，要她赶快回去。这可怎么办？资料刚刚看完，还没开始整理，图片也没看……可是她的父亲得了重病，不回去是不可能的。怎么办？怎么办？赵艳急得像热锅上的蚂蚁。冷静下来后，她想：现在要将工作推掉也不太现实，人家哪里还有时间再找一个人写呢？这样吧，我订一张软卧票，争取在火车上把工作完成。

想出办法后，赵艳就心定了。她收拾好行李，把写宣传集所需的素材都带在身边，并带上手提电脑。在火车上，她一遍遍地整理、修改、润色，等弄到自己满意了，打了个呵欠，抬头一看，天都蒙蒙亮了。次日一早，她下了火车，回到家中通过网络将宣传集交给公司，然后才奔往医院照顾自己的老父亲。在医院里，赵艳接到那家公司的电话，说对她写的宣传集很满意，以后会有更多此类的工作委托给她。

古人云："一诺千金。"从别人那里接受了任务其实就是对别人做出了承诺。别人想要的是你按时且保质保量完成任务，很少会考虑到你背后付出的辛苦，更不会想到有什么意外发生打断了你的工作。这个时候，你应该像赵艳一样有一颗坚守承诺的责任心，花费再大努力也要把任务完成好。否则，无论你有什么样的原因，你的一次违约，就会破坏你在他人心中的信誉。当自由职业者如此，在公司里工作也是如此，你都需要具有一诺千金的职业信誉。

职场宝典：如何维持你的职业信誉度

学会在压力下完成任务

维持自己的职业信誉度，要求我们必须坦然面对工作中的一切压力，不逃避、不抱怨。没有人会一直盯着我们的工作，我们只有靠自己的责任感来保证工作高质量地完成。大家认为一个人有责任感，就是表示这个人是值得信任的；这个人的职业信誉度高，那么他得到的机会相对也要比其他人高得多。

绝对不做对不起公司的事

作为公司的一员，你的成功与否同公司的兴衰息息相关，所以你没有任何理由在背地里做不利于公司的事情。你对公司忠诚，上司也会看在眼里，记在心上。即使在竞争对手眼里，你的忠诚守诺也是可贵的品质。所以无论何时，你一定要对公司保持忠诚之心，信守你的承诺，保守公司的秘密。只有这样，你才能保持较高的职业信誉度。

成功经验

较高的职业信誉度是你在职场上的通行证。可以毫不夸张地说，一个没有职业信誉的人是一个失败的人。那些不珍视自己职业信誉的人是该好好反思一下了。

绝对没有借口

一个人开始为自己的种种失误寻找借口时，我们就有理由怀疑他是否是一个尽职尽责的人。因为一个负责的人绝不会找借口来为自己开脱。职场中，当分配工作的时候，不寻找种种理由推托，当工作出现失误时，不绞尽脑汁为自己申辩，这样的人，才能博得上司的青睐。

▍职场案例

西点军校要求每一位学员想尽办法去完成任何一项任务，而不是为没有完成任务去寻找借口，哪怕是看似合理的借口。西点军校二百年来奉行的最重要的行为准则就是，没有任何借口。这也是西点军校传授给每一位新生的第一个理念。

曾经有一位西点军校的学员这样描述他在西点所上的第一课：

"在'西点'，我作为新生学到的第一课，是来自一位高年级学员的大声训导。他告诉我，不管什么时候遇到学长或军官问话，只能有四种回答：'报告长官，是！''报告长官，不是！''报告长官，没有任何借口！''报告长官，我不知道！'除此之外，不能多说一个字。"

在西点军校里，军官最讨厌的就是喋喋不休、长篇大论的辩解。他们只要求你把好的结果带给他，否则的话，你就只能得到一顿训斥。

西点军校之所以享誉世界，是因为它培养出了众多的杰出军事人才。而学员们能取得优异成绩，与他们能够无条件地服从命令有着密切的关系。同样的道理，没有任何借口地服从命令、完成上司交给的任务，也是每一位职场人士走向成功的必备条件。

为自己寻找借口是一件相当不划算的事。你找到借口，也许会让你暂时得到利益，但从长远来看，你将付出比所得利益多得多的代价。所以，与其想方设法寻找借口，不如把时间花在如何更好地完成任务上面。

职场宝典：如何从借口中解脱出来

用积极思想取代消极思想

要做一件事，不要拼命想着这事为何做不成，而要想着如何能将它做成。简言之，就是不找借口找方法。每个人都应当清醒地认识到，工作不可能一帆风顺。尤其是出现挫折时，你不能气馁，更不能为自己寻找借口，而是要以一种积极的心态勇敢面对工作中的挫折，分析原因，找出问题，进而全力以赴完成任务。

学会服从

摆脱借口的最直接途径就是服从。当上司给你安排工作的时候，不要先去想借口推脱，要直接答应下来。这是给自己压力，也是给自己动力。职场上的工作很少有根本不可能完成的事情。服从就意味着你必须迈出行动的第一步，这样你就必须为完成工作而绞尽脑汁，哪儿还有心思寻找借口？

把责任归于自己

有一位老板，平时看上去相当和蔼可亲，但是在工作中却近乎苛刻。有一次，他看见打印的文件上面有一个文字错误，就当面批评负责打印的人，说这样会影响公司的形象。当时，那人向老板解释说："这份文件的专业名词特别多，我刚刚接手，还不十分熟悉。"一般人会认为出错也情有可原。但是老板拒绝听解释，而是说："我不想听任何借口。"很多人不理解，觉得这位老板很不近人情。但是，事实上他是对的：工作上，犯错没有借口，更没有下一次，勇于认错，把责任归于自己，才是一个优秀的职业人应有的表现。

成功经验

借口是职场人士的大敌，与其花时间找借口，不如将时间用在思考如何完成工作上面。在工作中力争做到没有任何借口，无条件地服从上司的安排，并且全力以赴完成任务，唯有这样才能从激烈的竞争中脱颖而出。

让问题的皮球止于你

在工作中，有些人总是把问题推给别人，懒得自己出力解决。这些人是典型的想不劳而获的人，也是典型的不负责任的人。这些人的前途是可以预见的，那就是他们将逐渐被职场淘汰。真正负责任的人在发现或接手问题以后，总是第一时间想办法解决，让问题的皮球到此为止。这样的人，才能在职场上获得发展。

职场案例

美国的杜鲁门总统上任后，在自己的办公桌上摆了个牌子，上面写着"问题到此为止"。意思就是说："让自己负起责任来，不要把问题丢给别人。"由此可见，负责是一个人不可缺少的品质。大多数情况下，人们会对那些容易解决的事情负责，而把那些有难度的事情推给别人，这种思维常常会导致我们工作上的失败。

有一个著名的企业家说："职员必须停止把问题推给别人，应该学会运用自己的意志力和责任感，着手行动，处理这些问题，让自己真正承担起责任来。"

在一次订单采集员的座谈会上，一位订单采集员诉说了一位客户对其投诉的事情："由于这位客户的联系电话出现了临时故障，我无法及时联系到他。于是，这位心急的客户拨打了所在县分公司配送部的电话。配送部接电话的工作人员又让这位客户拨打客户服务部的电话。客户服务部的工作人员又让他拨打片区客户经理的联系电话。而这位客户经理却又让客户拨打订单采集员的联系电话。由于已经接近了工作流程的收尾时间，而且这种紧俏货源数量有限甚至已经销售完毕，这位客户的需要根本无法得到满足。这引起了客户的强烈不满，他不仅强烈地抱怨、投诉我，而且还愤愤地说以后再也不买我们公司的东西了。"采集员满腹委屈无处诉，只好在座谈会上倾吐了出来。

在这个案例中，导致这种结局的人是谁？是订单采集员吗？不。是包括配送部、客户服务部以及客户经理在内的所有人员。他们都把问题往下一个环节推，既耽误了处理问题的时间，又让客户恼火。他们的这种做法是一种典型的不负责任的表现。真正优秀的职业人所应做的是积极想办法处理，让问题的皮球止于自己。

职场宝典：如何让问题的皮球止于你

树立解决问题的信心

有的时候，缺乏勇气往往成为我们逃避问题的原因。适当地给自己树立信心，是"让问题的皮球止于你"的重要方式。所以，在每次面临问题时，就请对自己说："我能行！"然后充满信心地去解决问题。久而久之，你就能成为勇于面对问题的人。

严格执行"首问负责制"

在工作中，应该严格按照这样一种规则行事：如果你是第一个接受客户咨询或接待客户来访的工作人员，那么你就有责任给予客户一定的指引或答复，使客户最快速、最便捷地得到满意的服务。这样才能防止案例中的那种"踢皮球"情况的发生。

用"节点控制"法检查自己

"节点控制"是现代企业中常见的一种自我管理方法。简单来说，就是在接受一个任务的时候，就把任务的环节细分出来，把每个环节的完成时间、完成指标和奖惩措施列明并制成表格，每完成一个环节就打钩，直到项目顺利结束。如果你的工作是这个大任务中的一个环节，你就要想清楚自己有没有完成负责的任务，是否给下一环节造成了麻烦。

成功经验

我们不要让自己成为传递问题的"接力棒"。严格控制自己的行为，对自己负责，对老板和同事负责。即使出了问题，也要勇于面对，用最快的方式去解决它，而不是往下传递它。只有这样，你才能得到更多的信任。

不因一点疏忽
而铸成大错

南美的一只蝴蝶偶尔扇动几下翅膀，北美的得克萨斯州几天后就会发生一场龙卷风。人在职场要格外注意，因为你的一个不小心、不专心，就很可能导致大的错误，很可能导致一个组织机构的迅速衰亡。每一个负责任的人都深知这一点，所以他们都会尽量小心谨慎，避免出现此类失误。

▌职场案例

"环大西洋号"海轮隶属巴西海顺远洋运输公司。这是条性能优良的船，但出乎所有人意料的是：它在一次海难中沉没，21名船员全部遇难。救援船到达出事地点时，"环大西洋号"已消失得无影无踪。救援人员望着平静的海面，怎么也想不明白，在这个海况极好的地方到底发生了什么。

这时，有人发现救生台下面绑着的密封瓶里有一张纸条，上面用21种笔迹记载着从水手、大副、二副、管轮、电工、厨师、医生到船长等21人的留言：有的写的是私自出去买了一个台灯，有的写着发现消防探头误报警就拆掉了但没有及时更换，有的写着发现救生筏施放器有问题就把救生筏绑了起来，有的写着例行检查不到位，还有写着值班时跑进了餐厅……

纸条的最后是船长麦凯姆的话：发现火灾时，一切糟糕透了，我们没有办法控制火情，而且火越来越大，直到整条船上都是火。我们每个人都犯了一点点错误，但却酿成了船毁人亡的大错。

纸条上记载的内容表面上看起来是航海过程中的正常失误，却深刻地警示着人们——本可以避免的隐患却因为大家的疏忽而导致了不可挽回的损失。问题的发生虽然表面上看似是偶然因素在起作用，但落实到实际当中，还是我们在做事情上的责任心不够，特别是在一些环节复杂、工作量大的项目上，很多细小的地方因疏忽大意还没有做到位。

任何事情，只有做到100%才是合格，做到了99%也是不合格。你的老板、你的客户肯定会对你提出这样的要求，他们希望你能够做出100%优质的工作。他们把重要的工作委任于你，是对你的充分信任，同时是对你的尊重。然而，无数安于现状的雇员，当他们达到99%的合格率甚至低于这一合格率时，就沾沾自喜了，这是一种不负责任的态度。在这样的态度下，他们很容易因为一些小的疏忽，给公司也给自己造成无可挽回的损失。

职场宝典：谨慎细致，减少失误带来的损失

不因追求效率而放弃质量

不少初涉职场的人难免会为了追求效率而疏忽大意。这些人往往将工作效率当作个人能力最重要的部分，以为工作效率和能力之间能划等号。实际上，这种想法只是一种理想化的逻辑。因为过分追求效

率，难免会造成工作上的疏忽大意。而在一个系统的工作中，任何一项细小的错误都可能需要进行大量的返工，以前做过的很多努力可能都将因此前功尽弃。这样算下来，整体的工作效率不是提高了，而是降低了。

完成一件事后再做一遍检查

不要以为工作完成后就万事大吉了，其实你还忽略了工作中最重要的程序——检查。比如说你作为一个会计，在填完表格的时候，应该仔细地核对一下数字。数字虽然简单，却是最容易犯错的地方，也是最容易酿成恶果的地方。

请别人对自己进行监督检查

自己在完成某一项工作的时候，可能会对自己的智慧和杰作沾沾自喜，自以为工作成果已经完美无缺。但工作中我们不能沉溺于对自己的"孤芳自赏"中。我们没能发现自己的错误时，可以虚心地向同事请教。他们可能因为经验丰富，也可能因为身处这项工作之外，而对你的工作有更清醒的认识。他们能更敏锐地发现你工作中的问题。不要因为担心别人批评自己而羞于启齿，因为这样总比问题恶化带来的后果要好得多。

发现问题后立即汇报

有些人在出现失误后，可能很快就意识到了。但他们通常只是意识到这个错误，而对这个错误可能带来的严重后果估计不够，或者还存在侥幸心理。这时，正确的做法是及时向上级报告，不要因为害怕受到批评而将事情掩盖起来，因为当最可怕的后果发生时，你可能就无法承担这个责任了。理性的人即便不能做出最优的选择，也应当避免最坏的结果。

成功经验

不能因小失大，细小的疏忽可能隐藏着可怕的后果。当你略有疏忽的时候，你就应当想到你的工作关系全局，这种责任感会让你谨慎起来。

素质五：
注重效率

有一个工作习惯是所有单位都非常看重的，

也是每个渴望成功的职员所必备的，

那就是，

高效率的工作习惯。

跟穷忙、瞎忙
说"拜拜"

很多人满足于"数量"而非"质量"，这是很可怕的。任何失去"质量"的堆积都是毫无意义的。因为公司看中的不是你做了什么，而是你做成了什么，也就是说结果才是最重要的。所以工作一定要讲究方法和效率，不能一味地穷忙、瞎忙。

职场案例

做工作时，一定要明确所要达到的目的。在时间和精力都很有限的情况下，要让结果最大化，那些不重要的事情根本就不用做！时间专家尤金·葛里斯曼的经历足以证明这一点。

那时，尤金·葛里斯曼刚当上一所大学院校的系主任，受一个全国性的科学机构的邀请，要在他们的年度会议上发表演说。尤金·葛里斯曼接受了这个邀请，并花费了很多时间来准备。但是，演说却令人很失望：总共只有4个人出席会议并参与这个计划。尤金·葛里斯曼为这次演讲所做的工作几乎都成为无用功。经过这件事后，尤金·葛里斯曼决定以后绝不再轻易答应任何事情。不久后，上次那家机构又请他将当时演讲的内容写成一篇论文，刊登在他们那没人看的期刊上。这次，他拒绝了他们。

在学校里，许多老师年复一年地写论文、发表论文，并规规矩矩地将这些活动记录在履历表上。有人认为，这样至少做了点事情，总比什么都没做好。但事实上，他们什么也没做，而且比什么都不做更糟。

职场宝典：如何跟穷忙、瞎忙说"拜拜"

搞清楚工作的目标和要求

我们不是为了工作而工作，而是为了结果而工作。所以，在一接到工作时，我们不要马上急着下手、急着去探究工作的方法和技术，而是要先思考一下：别人期待我做出什么样的结果？我工作的目标和要求是什么？这样才能避免重复作业，减少盲目行动。

了解ABCDE法则，帮你少做而高效

这是一个简单但是卓有成效的方法。如果你手上有很多事情要做，那么你最好给每件事划分"ABCDE"等级。这个办法要求你在行动之前看看单子上列的事情，然后给每件事标上A、B、C、D或E。在你开始行动之前采用这个办法，这会大大提高你的效率和成就。

标A表示事情非常重要。最后目标是否能够实现，这样的事情将产生主要的影响。无论什么时候，你都应该先做这类事。

标B表示的是应该做的事情。对于目标的最后实现，这类事情的重要程度不高。比如给朋友打电话、跟同事一起吃午饭或者接收电子邮件等。不去做这类事可能带来一些不便，但是不会产生大的影响。

标C的事情是不会对目标的实现有什么影响的事。像喝杯咖啡、与同事聊聊、看看报纸，或者白天出去逛逛街就属于这一类事。做不做都没什么妨碍。

在这里有一条原则：如果有A类事情要做，那么就不要做B类；如果还有B类事情要做，就不要做C类。一天之中，你关注的重点始终应该是A类事情。

标D是表示可以交给下属或者助手去做的事情。原则上，能交给别人做的事就交给别人做，这样你就可以把更多时间花在A类事情上。

你可以忽略标E类的事情。这是指那些"过时"的事情，再做也没有任何意义。其实，很多时候你一天或者一周里做的事情都可以忽略不计，因为它们都没有什么大意义。

现在，你就可以试试用这个方法，把工作中最重要的事情或最重要的环节找出来，集中精力实现它。这样做的突出优势是，可以让你的收入增加，花费的时间却减少了。

懂得向外来的干扰因素说"不"

在决定该不该答应对方要求的时候，你要先问一下自己：我要做什么？什么对我才是最重要的？如果我答应了对方的要求，是否会影响我的工作进度？如果事情影响到你手中重要工作的完成，那么你就要断然拒绝，不要让额外的要求扰乱了自己的工作进度，降低了自己的工作效率。

懂得合作，适时沟通，寻找捷径

我们经常会抱怨："手边的工作都已经做不完了，又丢来一堆工作！某某的工作那么闲，怎么搞的？"但是有没有可能问题是出在自己身上？你有没有主动和上司一起讨论工作问题？你有没有积极地和同事分工合作、实现资源最大的优化？我们都了解现在是一个合作的时代，相互了解、相互协作，才可以在最短的时间里完成更多的任务。

自我总结并向高效人士学习

不要盲目地低头傻干，至少在每月做一个工作总结，看看本月的工作量和工作效率是否让上级满意；看看周围同样忙碌的同事，是否在相同的时间里比自己完成了更多的业绩。通过向那些比自己效率高的人学习，提高自己的工作能力，做好下一个月的工作计划，争取在下一个月中，使工作效率更上一层楼。

成功经验

跟穷忙、瞎忙说"拜拜"，在有限的生命中抓紧每分每秒，迅速高效地完成我们要做的事，才能够在竞争激烈的职场中有所发展。高效的工作，才能使老板越来越器重你，让你有机会学到更多的知识、积累更多的经验。

心无旁骛，专心致志

要想在自己的工作中做出成绩，首先要专注于自己的工作，否则你将一事无成。要知道，你专注的程度越高，你的工作效率也就越高，在工作中取得成绩的可能性也就越大，那么，你的发展机会也就越大。

职场案例

丽莎在一家出版社从事校对工作。在别人看来，这份工作单调、枯燥，而且工作任务十分繁重。但丽莎不这样认为，她觉得只要用心做，无论什么样的工作都能轻松、快乐而又高效地完成。事实证明，她的想法是对的，她总是出版社中完成任务最快、最好的校对人员。

让我们一起来看一下丽莎是怎样工作的。除非有特殊的紧急事务要处理，她都会全身心地投入到校对工作中去。一坐到办公桌前，丽莎就不再想任何别的事情，就算正在校对的书稿只剩下最后一页，她也绝不会去想下一部书稿会是什么、有多少页。同时，丽莎工作的时候能够绝对排除外界的干扰，就算是外面雷打得震天响，丽莎也浑然不觉。同事们都对丽莎的专注佩服得五体投地。

丽莎自己也对这样的工作状态很满意，因为她发现，一旦投入进去，就不觉得校对工作枯燥乏味了。最重要的是，她发现一小时专心工作的成果，能抵得上一整天三心二意工作的成果。

这就是当你"专心致志于一件事情的时候，世界上好像只有一件事"的状态所带来的效果。职场人应该努力专注于当前正在处理的事情，如果注意力分散，头脑不是在考虑当前的事情，而是想着其他事情的话，工作效率就会大打折扣。

职场宝典：如何做一个专注、高效的人

干一行，钻一行，专一行

比尔·盖茨说："一名优秀员工应该热爱自己的工作，根据岗位职责做好本职工作的同时，能干一行，钻一行，专一行。"这说的就是专注。所谓"专注"，指的是集中精力、全神贯注、专心致志。专注不仅是一种精神，更是一种境界。"把每一件事做到最好""咬定青山不放松，不达目的不罢休"就是这种精神和境界的真实写照。只有有了这种专注的精神，工作效率才可能大幅提高。

一次只做一件事

一次只做一件事，每次只做最重要的事！按重要性一一处理。如果有突然事件发生，容其"插队"，规则同上——当然，这并不意味着停顿手中之事。

做事时不想其他无关的事

有些员工上班做事时，脑子里还想着球赛、彩票、电影、股票等一系列与工作无关的东西，如此"身在曹营心在汉"，还谈什么爱岗敬业，提高效率？这样不可能把工作做好。

　　在职场上学会心无旁骛、专心致志，你会发现自己离成功真的并不遥远。当你全身心专注于自己喜欢的事业时，你会从中获得乐趣，并在这个过程中实现自己的价值。

量化你的每日工作

"不积小流，无以成江海。"小目标的达成是对实现大目标的最强有力的支持。我们都知道，终极目标是由若干个短期目标组成的，短期目标是由每天的工作逐步积累成的，而每一天的工作又是由更小的量化单位组成的。所以，懂得量化你的每日工作，是你提高工作效率，走向成功的重要一步。

职场案例

刘建是某软件公司研发部成员。公司为了体现劳逸结合的工作理念，总会定期举办环城马拉松比赛，而刘建作为研发部的大将，每次都会积极参加，而且每一次都是公司的马拉松冠军。同事们都感到特别奇怪：这个年轻同事，看起来挺瘦弱的，平时因为研发工作相当忙，也没见他进行过长跑训练，怎么就能次次得第一呢？

后来大家问他："你到底凭着什么跑完如此之长的路程呢？"刘建腼腆地笑了，说："即使是跑步，也是要动脑子的。我把我们研发部的工作精神放到长跑中，也是一样适用的。"大家很吃惊，他接着说："是这样的，每一次环城比赛前，我都事先骑车把比赛路线的路况熟悉一下，把沿途比较醒目的建筑定为标志，记录下来。比赛开始后，我就以短跑的速度先冲向第一个标志物。到达第一个目标后，我调整自己，又以同样的速度向第二个目标冲去。这样一来，我在完成每一个小目标的时候，不知不觉就完成了整个长跑。"

后来他还表示，像他这样的软件人员，每一天的工作量其实是大得惊人的，如果以每一天的工作量为单位，那光想想就觉得可怕和厌恶了。可是，他总是会在每一天的工作开始前，提前半个小时来到公司，把一整天的工作量化成若干份，然后逐个突破。这样既会有很多成就感，也不会给自己带来心理压力，工作效率也提高了，每一天都会很顺利地度过，而月终总结的时候，他也像长跑比赛一样，总是业绩突出，很得上级赏识。

正因为刘建可以把大任务量化为若干个小目标，逐个完成，他才可以高效、出色地完成他的工作，达到最后的成功。

可是，在日常生活中，我们中的很多人似乎都忘记了化整为零的意义。他们更喜欢遥望着耀眼的大目标，筋疲力尽地去追求，而不屑于把它量化成若干个小步骤，每日有计划地逐步去完成。结果他们往往是一头雾水，甚至中途放弃。

目标的实现是可以量化的。要学会把每一天的工作量化，把当下动手可以完成的事情逐个完成，然后在此基础上实现短期目标、中期目标、长期目标，从而达到终极目标。

职场宝典：如何量化每日的工作

根据自身实力来量化每日工作

量化的目的就是降低难度、逐步完成，使我们更加容易地接近最终目标。所以量化目标的时候切忌盲目、不尊重实际情况和自己的实际能力。从现在开始，先对自己当前的能力做一个透彻的分析，然后把你的大目标量化为一个个的小目标。先做第一个小目标，计划好第一个小目标需要多少个工作日，每个工作日需要完成哪些工作。工作时，与此无关的事统统放在一边，全力以赴达成第一个小目标。达到第一个小目标之后，就准备全力以赴对付第二个小目标。以此类推，你才有希望到达成功的巅峰。

量化后的每日工作要跟目标结合

量化后的每日工作要跟你的短期目标、中期目标、长期目标有所结合。这样可以防止你做无用功，对实现总体目标是有益的。专家们建议做一个目标实现日志，用它记录从短期目标到中期、长期目标的足迹，从而给你动力和激情。

量化以后要保证每日严格执行

工作量化以后，最需要你重视的是每日要做的事。因为今天做得怎么样，会直接影响你明日的安排。今天的工作是基础，是你的起跑线，一个人绝不能输在起跑线上。因此，今天的工作必须具体、明确、有时限。你对今天要做的事必须有准确的理解，并要求自己付出努力，严格按照计划实现它，绝不能由于它的拖延而影响到整个目标的进度。

成功经验

　　工作中，懂得量化每一个里程的目标是极其重要的。没有大到不能完成的梦想，也没有小到不值得设立的目标。只有朝着确立的目标一步步行动，才能有成功的希望。因此，在走向成功的过程中，不妨把一个目标分成许多小目标，按照顺序列出来，每天依次完成，这样你会做得更快、更好。

拖延是最狠毒的
事业杀手

拖延是生命的杀手，是成功最大的敌人。在职场中，千万不能犯拖延这个毛病。凡事都不要等，只要有时间，就尽快把工作做完，无论其是否紧急；即使没时间，也要尽量抽时间做，以免等到非做不可的时候反而没时间做了。

职场案例

比尔·盖茨说过："过去，只有适者能够生存；今天，只有最快处理完事务的人能够生存。"

只有效率高的人，才能挤出时间完成更多的事，这是帕金森定律所揭示的内容之一。帕金森定律认为，低效的工作会占用所有的时间。一位闲来无事的老太太为了给远方的外甥女寄一张明信片，足足花了一整天的工夫：找明信片一个钟头；查地址半个钟头；写信一个钟头零一刻钟；当她前往邻街的邮筒去投递时，考虑究竟要不要带把雨伞出门又花了20分钟。一个效率高的人在3分钟内可以办完的事，另一个人却要用去整整一天，最后还免不了被折磨得疲惫不堪。

避免帕金森定律发生作用的方法很简单：为工作定一个较短的时间，尽快完成某项任务，不要拖拖拉拉把战线拉得太长——当然，必须保证完成的质量。如果不这样做，你对待那些困难的或者轻松的工作就容易产生惰性。因为没有期限或者期限较长，你会觉得那些事情大可以以后再做。从而养成一种拖延的习惯，致使你的工作效率降低，最终一事无成。

职场宝典：如何改变工作中拖延的习惯

给每个工作一个"死期"

将自己近期要做的工作列出来，给每个工作一个必须完成、不能再拖的"死期"。为避免陷入"帕金森陷阱"，不可把"死期"定得过长，并尽量把一些小的、零碎的、占用时间少的工作早日完成，以节省你的时间。每完成一项工作，再专注于接下来要做的事。

给自己挑战"不可能完成的工作"的勇气

恐惧导致拖延，而拖延则会导致更深的恐惧。拖延者常常被工作的数量和复杂性吓倒，他们害怕自己无法完成任务，结果就会不自觉地把工作一拖再拖。勇于向"不可能完成"的工作挑战，是克服拖延习惯、提高工作效率的基础，只有具备了这样的品质，事业才可能取得成功。

寻找解决问题的方法而不是找借口

没有任何借口！在工作中，每个人都应该发挥自己最大的潜能，努力地工作而不是浪费时间寻找借口。要知道，公司安排你这个职位，是为了解决问题，而不是听你对困难做出长篇大论的分析。不论是失败了，还是做错了，再妙的借口对事情本身也没有丝毫作用。

我们应该把"没有任何借口"作为自己的行为准则，而不是编一些花言巧语为自己开脱。我们无需任何借口，哪里有困难，哪里有需要，我们就义无反顾地到哪里；没有条件，我们想方设法创造条件也要把问题解决。唯有如此，我们才能克服拖延的习惯，提高工作效率。

成功经验

　　将诸如"再等一会儿""明天开始做"这样的语言或者这种心理抛到一边吧！从现在开始，你在心里要想的只是：我要立刻开始，一刻也不耽误，彻底把在职场中发展的障碍——拖延——一脚踢开，大步向前走！

牢记要事第一

工作效率高的人是那些对无足轻重的事情无动于衷，对那些重要的事情无法无动于衷的人。一个人如果过于努力想把所有事情都做好，他就不会把最重要的事情做好。只要你能永远先做最重要的工作，你不想成功都难。

▎职场案例

美国伯利恒钢铁公司总裁查理斯·舒瓦普曾向效率专家艾维·利请教怎样才能更好地执行计划。艾维·利声称可以在10分钟内给出一种方案，此方案能令伯利恒钢铁公司的业绩迅速提高50%。

艾维·利首先递给舒瓦普一张白纸，说："请在这张纸上写下你明天要做的6件最重要的事。"舒瓦普想了想，用5分钟写下了6件事。

艾维·利接着说："现在用数字按顺序标明每件事对你和你的公司的重要性大小。"舒瓦普又用了5分钟，完成了对6件事的标注。

艾维·利说："好了，把这张纸放进口袋，明天早上第一件事是把它拿出来，做第一项最重要的。先不要看其他的，只看第一项，着手办这一项，直到完成为止。然后用同样的办法对待第二项、第三项……直到你下班为止。如果只做完第一项，那么不要紧，因为你总是在做最重要的事情。每天都要这样做，叫你公司的人也都这样做。这个试验你想做多久就做多久，然后给我寄支票吧，你认为值多少钱就给我多少钱。"

1个月后，查理斯·舒瓦普给艾维·利寄去了一张2.5万美元的支票，并附上一封信，信上说，艾维·利给他上了一生中最有价值的一课。

5年之后，这个当年不为人知的小钢铁厂一跃成为世界上最大的独立钢铁厂之一。专家普遍认为，伯利恒钢铁公司之所以能迅速崛起，艾维·利提出的经典执行建议功不可没。

正是因为查理斯·舒瓦普接受了艾维·利的建议，他的钢铁公司才能迅速发展。可是，在我们周围有太多的人，他们总是努力地想把所有的事情都做好，结果却没有把最重要的事做好。这样做的人，往往不会取得成功。

在处理日常事务的时候，按照工作的重要性给所有事情排序，将最重要的事情放在第一位。这样，工作中重要的事才不会被无限期地拖延；这样，工作对你而言就不会是一场永远也赢不了的赛跑，而是可以带来丰厚收益的活动。

职场宝典：如何做到要事第一

脑子里要有全局的中长期计划

做一些中长期计划，脑子里要清楚哪些事情是对人生发展而言比较重要的，要意识到这些事情绝对是要保证完成的。为这些大事事先做好计划，那么在现实生活中各种突发的、紧急的事件就不会扰乱你的思路，打乱你前进的步伐。这样你就可以专注于真正重要的事情，对那些不重要的事情说"不"。

进行科学的时间管理

时间管理技能的高低，决定了你的成败。什么事情必须自己完成，什么事情可以委托给别人；哪些事情你必须提前考虑，哪些又不必考虑。你越是擅长判断、果断处理，你的效率就越高。

每周回顾检视

每周我们应该抽出一段时间来审视一下在过去的一周里自己是否做了应做的事情，尤其是那些重要的事情。只有这样，我们才能够不断地进取，才能够更加高效地工作，学到更多的经验。

成功经验

牢记要事第一。找出你工作中最重要的事情，将其做好。只有这样，你才能立足于竞争激烈的社会，跑在别人前面，创造出更多的财富和价值。

防止完美主义成为效率的大敌

具有完美主义倾向的人一般做事认真、责任心强，这是值得称赞的。然而，工作常常会受到各种客观条件或主观能力的限制，并非总是那么完美、顺利。工作一旦受阻，完美主义者就很容易变得浮躁、紧张，继而意志消沉，从而影响工作进度和成效。所以，过分追求完美在职场中是不可取的，这样做不但不能如愿以偿，反而会得不偿失。

职场案例

陈亮毕业后到当地一家有名的公司工作，负责与客户谈业务。作为一名刚毕业的大学生，陈亮有一份让人羡慕的工作，工作起来自然是满腔热情。在刚开始的时候，他觉得一定要把每笔业务都做到最好，让客户满意，让公司满意，也让自己满意。但很快他就发现，这份工作做起来并没有想象中的那么简单。尽管他在每单生意上都花费了相当多的精力，但并不是所有的客户都买他的账，所以还是有好几单生意没有谈成，工作业绩竟然比同时进入公司的其他同事差很多。这让满怀热情的他有种挫败感，开始怀疑是不是自己能力不够，他甚至想要放弃这份来之不易的工作。

那段时间他显得特别颓废，公司的一位前辈发现了，就主动过来和他聊天。这位前辈说："你为什么总是盯着一个单子不放呢？为什么不试着去寻找新的客户呢？做生意谈不成是很正常的，这家不行，就找第二家嘛，不能把所有的时间浪费在一家上。"陈亮觉得有点儿明白了，回想自己前一段时间的工作经历，可不就是这样吗？为了做到完美，他花在每单生意上的时间差不多是别人的两倍。如此看来，过分追求完美并不是件好事，因为这会让许多新的机会从身边溜走。从此，他改变了自己的思路，不再过分追求完美，签成的单子也越来越多。

陈亮在职场中所走的弯路相信很多职场新人也都经历过。他们最终得出的结论是，盲目地追求完美并不是好的工作方法，提高业绩的关键是要在保证工作质量的基础上拥有更高的工作效率。一个单子做得再完美，也不会变成两个，只有想方设法签到更多的单子，工作效率才能提高，工作业绩才能上得去。所以不要在一些不必要的问题上花费太多的心思以追求所谓的完美。作为一名员工，永远要记住一条，那就是，公司追求的是效益，只有获得最大效益的工作才是最完美的工作。

职场宝典：如何避免完美主义倾向

学会在众多工作之中选取重点

事物总是有轻重之分的，我们的工作也是一样。有些事情不做不可，有些事情做与不做则无关大局，那些非做不可的事情就是我们工作的重心，是工作中所要解决的关键问题。只要关键问题解决得好，其他问题多半也就迎刃而解了。否则，如果为了追求完美，事事不分轻重，一律平等对待，都要做到最好，那么浪费在那些枝叶上的时间会将工作效率严重降低。你力争将每件事都做得完美的时候，首先在效率上就已经不完美了。

我们应该学会在众多工作中选取重点，然后对这些重点工作投入更多的时间和精力，以妥善地解决这些主要矛盾。这样，工作起来才不会漫无目的，没完没了。

明白一项工作的合格标准

一项工作完成得好与不好，总会有一个有形或无形的标准。一名学生学习的好坏主要是看考试成绩，一名员工工作的好坏则是看能否达到客户和老板的要求。对学生来说，考试成绩60分为及格，这是对一名学生最起码的要求。显而易见的是，一个学生想把成绩从60分提高到70分所需要的努力和从90分提高到100分所需要的努力将是不可比的。想考90分可能并不是很难，但考100分可就是难上加难了。既然90分和100分同为优秀，又何必付出那么多艰苦的努力以取得这区区的10分呢？用取得这10分的时间和精力去学习其他成绩较差的课程，得到的总成绩肯定不只是10分的增长。

工作也是一样，把一项工作做得再完美也最多只能提高10分，但这其中要付出的代价太高了，用这种代价也许可以使好几项工作达到合格的标准。

不为完美而无谓地花费时间和精力

追求完美对每个人来说都很有诱惑力，同时，它给我们设下了一个无形的陷阱，让我们将过多宝贵的时间与精力陷于其中而不自知。恋爱时，挑了又挑，个头儿、长相、学历、家庭、财产，等等，一心想着对象要尽善尽美，不能亏待了自己，可偏偏就是在挑选和等待之中错过了好姻缘。结了婚，生了孩子，幻想着孩子不是天才，起码也要出人头地，于是，让孩子从小学钢琴，学绘画，学外语，还要上最好的小学、最好的中学、名牌大学，将来还要出国留学，哪怕自己省吃俭用，也要为孩子积攒下一切费用，但这一切可能都完美无缺吗？

事情不会总向着人们所想的方向发展，即使我们花费了大量的时间和精力，也不一定能达到我们想要的完美，如果失败了，还会给心理带来很大的压力。所以，不要为追求完美而过度花费我们宝贵的时间和精力，相信这些时间和精力可以用来做更多更加有意义的事情。

成功经验

追求完美，是人类成长过程中的一种心理特点，它使我们不断地完善自身，这并没有什么不好。但如果过分地追求完美，特别是在职场之中，则容易陷入工作效率低的困境。正确的做法是，我们应该把握住完美的尺度，不要让完美主义挡住我们的事业发展之路。

素质六：
结果导向

无论黑猫、白猫，

抓到老鼠就是好猫；

无论苦干、巧干，

做出成绩才是真干。

公司最重视的是你立多少"功"，

而不是你有多"苦"。

一开始就要想
怎样把事情做成

谋事在人，成事更在于人。计划好自己的工作，从一开始就让事态在自己的掌握中发展，这样才能把事情做到最好。有的人做事仅靠匹夫之勇，而有的人却能自始至终按部就班，前者做事往往半途而废，而后者往往能取得成功。

职场案例

"我一定能做好！"每当接手新的工作任务的时候，艾伦就跟自己这样说，然后就是深入地工作，不放过每件小事和每个细节。

一次，艾伦接到的任务是为公司的新产品制作宣传册，在这之前他没有做过类似的工作。于是他收集了很多其他公司的成功的产品宣传册，反复琢磨了几个晚上，大体列出了设计思路和建议。然后，他找了一家口碑很好的设计公司，把想法和他们进行了交流，却发现这家设计公司提不出任何问题。正如艾伦所料，他们拿出的设计作品令人感到失望。于是他马上从备选公司中另选了一家，并和新的设计公司更深入地交流。之后，这家公司交出了一个相当不错的作品。

交差之前，艾伦问了自己一句："还能再好一些吗？"在这个想法的指引下，艾伦把这个设计拿给同事和朋友来评价，大家提出了不同的看法。他感到设计作品细节上还有些不足的地方，于是把其中重要的意见反馈给了设计公司。设计公司很负责任地进行了细节上的修改。最后，一个漂亮的宣传册诞生了。这个手册对新产品的宣传推广起到了重要作用，公司的新产品推广得很顺利，艾伦也得到了上司的公开嘉奖。

艾伦从一开始就认真对待自己的工作，把能够让事情做好的每个步骤都考虑清楚。他知道敷衍了事是不负责任的态度，不负责任的人是没有希望的人。像艾伦一样，思考怎样把事情做成是每一个负责的员工应该养成的习惯。

不论是细致的工作还是较为笼统的工作，无论熟练与否，如果一开始就不去思考如何把事情做成，就更别说下一步具体工作的开展了。

一开始就把事情考虑好是做好一切工作所必须的，知道怎样做成自己的工作，才能脚踏实地地把工作做完、做好。同时，遇事多多考虑也会令你的工作事半功倍。

职场宝典：考虑如何把事情做成

做好开头的准备工作

万事开头难。在工作开始时，员工特别是新手应该做的就是搜集足够的资料，考虑做事的步骤和可能遇到的困难。这样不仅在做事之前就可以做到胸有成竹，而且在面对突发事件时还可以从容应对，不至于方寸大乱。

分清主次，区别对待

很显然，每个工作中都有最重要的环节和次重要的环节。想好怎样把事情做成，当然要在所考虑的事情中分清主次，区别对待。对于工作中的难点，员工要考虑得更多，在考虑好如何解决困难的同时还要有克服困难的决心。

懂得重点考虑难题，并高效解决问题，才能受到老板的青睐。不然，再勤劳的员工也只能原地踏步，高升无望。

不放过每一个细小问题

不要以为计划好了整件事情的步骤就等于做好了整件事。每一个或大或小、或重或轻的工作都是由细节组成的。不管是理论上还是实践中，细节都是最不容忽视的。把能注意到的细节审视清楚，避免因不必要的疏忽导致公司发生损失，是每个员工最基本的任务。在做事的过程中，如果自己没有十足的把握，请教别人也不失为一种有效解决问题的方法。

成功经验

从每件事的一开始就考虑好如何成事，不仅能增强你的自信，还能锻炼你的思维能力。拥有这项能力，你会赢得老板的肯定，抓住升职的机遇，并走向成功。

办法总比问题多

随着社会的发展，出现在生活与工作中的问题越来越多。作为员工的你，既然受雇于人就要为人解忧。如何为人解忧？这就需要发挥你自身的优势，有办法想办法，有主意出主意。有时候，多一个想法就多一个解决问题的办法。办法多了，总有一个能使问题迎刃而解。

▌职场案例

詹森是凌志汽车在美国南加州的销售代理。海湾战争打响时，人们不再来买凌志汽车了。詹森知道，如果人们因为社会动荡而不来购买汽车的话，那他只能出局。在这种情况下，经销商通常的做法是继续在报纸和广播上做广告，等着人们来下订单，可现在这么做没有用。如果你是詹森，你是否会找个借口安慰自己，然后看着销售额持续下降？

但詹森是个销售能力出色的家伙，他想到了一个好办法，改变了局面。

詹森开着一辆新车到富人出没的地方去：乡村俱乐部、码头、马球场、比佛利山和韦斯特莱克的聚会。然后他邀请这些人坐到崭新的凌志车里兜一圈。你可以想象，在你试开新车以后再回到自己的老车里的感觉，你会更加感觉到你对老车的不满意。或许之前你觉得老车还很不错，但是忽然之间，你知道还有更好的——你想要它。当时，那些富人也这么想，在试驾过新车之后，相当多的人都购买或租了一辆新凌志汽车。

詹森的办法在今天已经有些过时，不过在当时算是标新立异，结果——他每个星期的汽车销量甚至高于战争爆发前。你要知道，无论在任何时候，无论形势有多么糟糕，如果你都可以创造价值，那你就是企业里不可替代的那个人。

每个人的思维方式都是不同的，并不是每个人都能及时想到解决问题的办法。如果你能想人之所想、急人之所急，面对问题时能够比别人考虑得更全面、更细致，及早想到周全之策，那么企业中的高升之人非你莫属。

职场宝典：锻炼思维能力，提高执行能力

观察生活，开阔视野

多种多样的思维方式并不是闷在办公室埋头工作就能得来的。生活中的许多事情也能启发思维，让人悟出一些做事的道理。企业的员工在当今社会多元化和国际化的浪潮中更不应局限于固有的小圈子里，而应随着时代前进的步伐提高自身的素质，扩大自己的知识面。从某种程度上讲，视野扩展了，思维自然开阔了许多。

学会提问，多找参考

上司交代下来的工作，有的员工感觉做起来很累，怕完成不了。就像考试做卷子一样，得到试卷的人都会把会做的先做了。这就是把容易事先做了，给自己增加信心，也让老板看到你的工作效率。复杂的问题，只能慢慢来，上司也会体谅这一点。或者，对于困难的事，你可以找人询问，使自己的技能得以提升。如果没人可以问，就自己查阅资料或

者看书，也可以利用现在的网络查询，获得更好的思路。

积极表现，勤于实践

当今时代早已不是你推我让、谦虚为上的社会了。作为别人的下属，每个员工都要努力争取表现自己能力的机会。在得到上司赏识的同时，也能增加锻炼自己思维能力的机会。不愿表现自己的员工，再能干，思维再灵敏，也很难有大的提升。

成功经验

思维就像一台机器、一件利器，越是使用得多就越熟练，越是经历磨炼就越锋利。从多个角度全方位思考问题，你的办法自然就会比常人多，处理问题时自然会游刃有余。掌握了灵活的思维方式，别人认为棘手的难题对你而言便是小菜一碟了。

聪明地工作，
而不是努力地工作

怎样增加自己的"功"，减少自己的"苦"呢？这就要学会聪明地工作，而不是努力地工作。此处的"聪明"并不与脚踏实地的工作态度相违背，而是以巧妙的方法应对烦琐的问题，在轻松的状态下避免重复劳动。这种工作方法不仅受到员工们的欢迎，而且也会得到老板的赏识。

职场案例

一向以"懒惰"出名的汉夫特是加拿大渥太华一家宾馆的老板，他会尽量把事情交给下面的人去做，自己则能不做就不做。所以，无论什么时候，你都会看到一个悠闲自得的汉夫特。

有一年的圣诞节前，他要在宾馆中选出10名最勤快和10名最"懒惰"的员工。结果出来以后，10名最"懒惰"的员工满脸沮丧地来到他的办公室，以为这次肯定要被炒鱿鱼了。但出乎意料的是，汉夫特告诉他们，他们被评为宾馆最优秀员工。

虽然结果令人难以置信，但汉夫特却有自己的解释。根据他的观察，这10位员工的"懒"突出表现在他们会尽量把所有的事情一次办好，不会花费更多的时间在同一件事上。他们"懒"得连一个多余的动作都不会去做。而那些所谓的勤快员工的"勤"，多表现在整天忙忙碌碌，不在乎把力气花在同一件工作上，不在乎做一件事花费多少工夫。

汉夫特认为这样的"勤"并不可取。

"勤快"员工每天忙忙碌碌，劳而无功，其实是最让自己受累又对企业没有贡献的。一个人，一定要想清楚事情该怎么做，怎样才能既让事情快速高效地完成，又让自己很轻松，而不是闷头做事，忙来忙去，浪费掉自己宝贵的生命。

职场宝典：如何聪明地工作

给工作增加新意

完成一项工作并不是只有一种方式。许多人都有这样的经历：刚开始做一份新工作时感到情绪高涨、斗志昂扬，而过了一段时间以后却又因为同样的事已反复做了太多次、新鲜感全无，而对工作充满厌倦。这就是从同一角度、用同一方式工作的弊端。要想改变这种工作状态，可以在现有的工作方式上做点儿新尝试，让工作有一些新变化。学会变换工作方式，不断为自己的工作增加新元素，这样才能将无趣变为有趣，将枯燥变为生动。

用脑工作，而不是用手工作

别光闷头做事，要停下来动点儿脑筋。现实生活中，"每天都很忙，可却是忙而无功""自己感觉已经付出了很多，但得到的却是老板的责骂""平时没有一刻空闲，但到总结工作时却说不出成果""早已身心疲惫，但觉得一无所获"的人很多，他们之所以出现这些问题，关键在于只做不想，做得无头无绪，也没有结果。

一个人要想使勤奋、敬业等好的品质在正方向上发挥其应有的作用，就不应该只抱着"我要努力工作"的想法，而应该多想想"我这样做，是否有价值，能为老板创造什么效益"。有了这些思考当先导，你就不愁没有成果。

找到更便捷、高效的工作方法

有一个寓言故事：两只蚂蚁想翻越一堵墙，到墙的另一边寻找食物。一只蚂蚁来到墙角，毫不犹豫地往上爬。可是每当它爬到一大半时，就会由于劳累、疲倦而跌下来。可是它不气馁，一次次跌下来，一次次迅速调整自己，然后重新往上爬。另一只蚂蚁观察了一下，决定绕过墙去。很快，这只蚂蚁绕过墙来到食物面前享用起来，而第一只蚂蚁还在不停地跌落下去接着再重新往上爬。

比较两只蚂蚁，第一只蚂蚁只知道采用笨方法，第二只蚂蚁却用了聪明的方法。其实，在任何工作中，只要努力去找，总能找到更高效、便捷的方法，从而让劳动成果更多。

成功经验

聪明地工作着的人总是万事顺意，连连高升；一味使蛮力的人却总是把握不住工作的重心，猜不透老板的心思。因为懂得巧妙工作，聪明人还能广结人缘，发挥才能，既忙碌也休闲，既奔波也享受。

创造条件去完成任务

有时候，工作任务并不是摆在你面前的馅饼——只要循规蹈矩、按程序操作就可以"攻克"。在很多情况下，哪怕是一份简单的工作都需要历尽艰辛，创造条件，才能完成。

职场案例

法国记者博迪在1995年由于突发心脏病而导致四肢瘫痪，丧失了语言能力。

虽然博迪在病后依然头脑清醒，但是，除了左眼还可以活动之外，全身已经没有可以活动的部位。然而，他还是做了一个让人难以置信的决定，那就是把自己病倒前就开始构思的作品完成并出版。可以想象，对一个口不能言、手不能写的人来说，这无疑是个根本不可能实现的事情。出版商给博迪派了名叫作门迪宝的笔录员来协助他完成心愿。门迪宝负责对他的著述进行笔录。博迪只能通过眨动左眼与门迪宝沟通，逐个字母地向门迪宝表达出他的腹稿，由门迪宝进行记录。门迪宝每次都要把发音的常用字母读出来，让博迪进行选择：字母正确，他就眨一下眼；不对就眨两次。刚开始，他们一天只能录1页，后来慢慢增加到每天录3页。

经过了几个月的艰辛努力，这部著作终于问世了。根据粗略统计，为了写这本书，博迪共眨了左眼20多万次。这本不平凡的书名叫《潜水衣与蝴蝶》。

成功是需要很多条件的。比如，健全的体魄、聪明的头脑、大量的财富等，但是这些条件并不是每个人都能具备的。一个成功者从不苛求条件，而是竭力创造条件——哪怕他只剩一只眼睛可以眨！

追求成功是每一个人的理想。在成功的道路上会有许多坎坷，这些困难都需要自己创造条件去克服。没有条件也要创造条件，才是一个优秀的职业人应有的态度。

职场宝典：如何正确、聪明地创造条件

等待不如行动

万事俱备，只欠东风。如果有米，每个人都可能成为巧妇。真正的巧妇，能为无米之炊。"巧妇难为无米之炊"只不过是人们因条件欠缺而寻求的托辞。人生中也有类似的境遇，一项具有决定性意义的事情，往往会因为准备不足、谋划不善而难以开始。这时人们往往会轻巧地说一句"巧妇难为无米之炊"搪塞过去，以致失去时机。事情在于谋划，不谋不立。有条件要上，没有条件创造条件也要上。客观环境不利于我们，我们就应该发挥主观能动性改变它，而不是坐待天时。

提高自己的应变能力

面对不利环境时要放松心情，想着没什么大不了的，天塌不了，然后调动自己的知识、经验的储备来坦然应对。

引导事情按照自己的意愿发展

一个饿汉来到富人家门口对他说："我带了些石头，想用一下你的

锅煮点石头汤喝。"富人很奇怪：石头怎么能煮汤喝？于是，富人让他进屋，借他一口锅。饿汉把石头放进锅里。煮汤得加水吧？富人给了他一些水；煮汤得加盐吧？富人又给了他一些盐；煮汤还需要加调料吧？富人又给了他一些调料。就这样，饿汉喝上了有滋有味的汤。

在不利环境面前，一定要发挥谋划的艺术，把事情的枝枝叶叶细细剖析，针对可能出现的情况一一做出应对的策略，慢慢地引导事情按照自己的意愿发展。

促使一个人成功的条件不会自己出现。只有不断追求、勇于探索的人才能发掘、创造出这些条件；只有不断开辟新路的人才能最终实现自己的梦想。

第一次就把事情做对

现实生活中，很多人是"成事不足，败事有余"。他们雄赳赳、气昂昂地去做事，却一次做不成，两次也做不成。现代社会讲究效率，只要是失败重来或者返工，即便最后做成功了，也是毫无效率可言。要想成为一名优秀的职业人，那么一件事要么不做，要做就得一次做对。

职场案例

小王和老张在同一个车间工作。为了尽快学得一身手艺，参加工作不久的小王拜老张做师父。

在一次工程施工中，老张需要一把扳手。他吩咐小王说："你帮我跑一趟，到我家里的工具盒里拿一把扳手。"小王二话没说，骑上自行车直奔师父家。老张等啊等，过了许久，小王才气喘吁吁地跑回来，拿回一把巨大的扳手。

老张接过扳手，发现这并不是他需要的，非常生气。但看到满头大汗的小王，他又不忍心责备，只好无奈地说："你拿错了，我没让你拿这么大的扳手，我要的是17号扳手！"

小王表情尴尬地说："要不，您再歇会儿，我再去一趟。"老张无奈地点了点头。这次，他叮嘱小王说："17号扳手在工具盒的底部，是新买的，还没用过。"

又过去了半小时，小王才回来。老张看了看扳手，语重心长地对小王说："你这办事毛躁的毛病要改一改，刚才让你去拿扳手的时候，我本来要告诉你拿多大号的扳手，可你骑车太快，我喊你回来时，你已经没影了。多亏这次没有误事，不然你后悔都来不及。"

小王没有说话，但他的脸上还是显露出很委屈的神情。

在职场上，我们不能单纯为了工作而工作，而要时刻把工作的结果放在心上，保证一次就把事情做对、做好，而不是屡次返工。因为很多情况下，事情是不可逆的，你并没有"下一次"的改正机会。

当然，在竞争激烈的职场上，强调没有下一次，并不意味着只要有一次执行不力，你就会遭遇工作上的彻底失败。事实上很多的公司和个人往往是在经历了很多次的挫折后才成熟起来的。没有下一次，更重要的是要求你具有这样一种心态：当接受一项任务时，要全身心地去做，不能抱有侥幸心理，认为自己还有下一次机会。如果你在做领导交给的第一件事时就抱有"还有下一次"的想法，那么在做第二件、第三件事情时，这种心理也会一直伴随着你。一旦你抱有这样的想法，你就不可能100%地去执行当下的任务，因为你给自己留下了后退的余地。久而久之，"还有下一次"就会成为你的一种工作习惯。如果在你还没有开始工作的时候，你就为自己的失败找到了借口，你如何期望自己能够100%完成任务呢？

职场宝典：如何第一次就把事情做对

汲取经验，扬长避短

职场中，无论谁都不能从始至终鸿运当头。谁都有失败的第一次，都有出乎意料的损失。在从事一项崭新的工作时，你可以向擅长这项工作的人请教、咨询，从而做到对事情心中有数，积极地发挥自己的长处，并把不利和风险因素减少到最小。

考虑周全，有备无患

现代社会赋予每一个人的机会都是均等的，成功者与失败者之间最明显的区别是，当机会来临时是否准备好了。因为在大多数情况下，出差错都是因为准备不足，而取得成功则是因为准备充分。充分的准备能够帮你赢得一切。职场上并不缺少雄心勃勃的空想家，缺少的是踏踏实实从准备做起、高效高质完成任务的执行者。因此，在工作中，你不仅仅要重视准备，还必须学会怎样去做准备，这是任何一个追求卓越者的必修课。

一丝不苟，完美执行

执行过程中，"一丝不苟"四个字值得成为每一位员工的座右铭。从另一个角度讲，在工作中坚持认真负责，不放过每一个细节，那么这个员工就一定能得到老板的赞扬、客户的认同，从而让晋升机会如约而至，个人得以走向更为广阔的天地。

成功经验

第一次就把事情做对，会给你带来更多的机会，让你有源源不断的收获。它还能为你的工作开个好头，赋予你信心和力量，让你逐渐走入成功的殿堂。

把任务完成得超出预期

作为当今的职场人，按时按量完成任务早已不能吸引别人的眼球，这种按预期完成任务的习惯，反而会成为一个员工在工作上无能与平庸的佐证。把任务完成得超出预期，这样才能彰显实力，超越平庸，走向卓越。

职场案例

在美国的亚特兰大市，罗密欧跑车车迷的心目中，这款跑车真正的保养厂只有一个。虽然当地有十几家汽车服务中心都声称能替这种汽车提供保养服务，但只有一家服务中心——斯普莱汽车服务中心——提供的服务最让人满意。

斯普莱本人开罗密欧跑车，搜集这种跑车，热爱这种跑车，并且比原制造工厂还要了解这种跑车。他会耐心地跟每位客户讨论如何给跑车做维护，他的维护常常超出客户要求的项目。因为他最了解这种跑车，他会把车头与汽缸之间的橡皮小垫圈另外换一个新的，因为原装的垫圈容易损坏。斯普莱在检查汽车的性能时，就像医生给病人看病一样仔细。尽管客户并不都能充分理解他所说的，但这没有关系，因为他们知道斯普莱确实了解这种跑车，也真正关心他们的跑车，斯普莱对跑车所做的维护已经超出了他们的预期。所以，最后客户都高高兴兴地照单付钱。

在商场上，把产品和服务做得超出预期，你就会顾客盈门，生意不断，财源滚滚；在职场上，把工作做得超出预期，你就会得到老板的赏识和重用，并且得到更好的发展机会和更丰厚的回报。

职场宝典：如何把工作完成得超出预期

熟悉并精通本职工作

只有将本职工作做到熟悉、精通，才能在此基础上进行超越。否则，不但本职工作被耽误，想要超越的雄心也变成了好高骛远。这样非但不能证明一个人有能力，还恰恰反证了其人见识的短浅。

工作中精益求精

工作中只有更好，没有最好。可是现实生活中，许多人连个"好"字也做不到，更甭提"更好""最好"了。许多人坚持做得"差不多就行"，可是"差不多"差多了，它会让你陷入平庸，让你所在的企业缺乏竞争力。所以，一个人要想真正发挥出自己的最大潜力，更多地为企业创造价值，一定要持有精益求精的工作态度。

成功经验

把任务完成得超出预期，体现的是一个员工积极上进的心态，是一个员工充满自信、热情高涨的工作态度，也表现出一个员工非凡的能力与潜质。每一次超越都预示着一次更高层次的成功。

素质七：
善于沟通

公司很看重一个人的沟通能力。

不好沟通者，

再有才也不用；

好沟通者，

哪怕才能不够，

也可边干边学，

最终实现个人价值。

沟通是一门艺术

优雅的谈吐可以使自己广受欢迎，雄辩的口才更有助于事业的成功。表达能力对一个人的成功很重要。很多人之所以成功，在相当大程度上归功于他善于言辞。无论做什么事情，善于沟通总是可以使你得到更多的帮助和支持，也使事情进展得较为顺利。

职场案例

表达能力对一个人的成功至关重要。在美国，许多人能成为议员或其他高级官员，就是归功于他们善于言辞。

一个人如果仅凭在其他方面的实力，可能还只是一个普通的小职员，可是出色的口才却可以使他得到理想的职位，得到令人羡慕的薪水。口才的作用实在不可小觑！

你在与熟练掌握说话艺术的人交谈时，就会感觉到他娓娓道来的声音、抑扬顿挫的语调就像音乐一样，徐徐进入你的耳朵，或给你安慰，或让你精神振奋，深深打动你的心灵。听他说话简直就是一种享受。

而当你掌握了谈话要领，说话用词简洁、表达清晰，再加上周到的礼节、优雅的举止，那么，在任何场合，你都能够吸引听众，打动听众。人们都喜欢与你交往，那么，无论你做什么样的事情，都会觉得事情是那么顺利。因为，高超的说话艺术，无论对谁，都是事业成功的助推器。

　　林肯就是这样一位深谙谈话艺术的人，他是有史以来最乐于与人交谈的美国总统。他说话的语气就像农民一样朴实，让人感到他可亲可近，而不是高高在上、难以接近。他知道怎样同各种各样的人打交道——不论是老谋深算的政客、傲慢的外国元首，还是作风严谨的科学家、谦卑的农民，他都能同他们愉快地交谈。

　　林肯是一位语言大师，他的语言往往幽默贴切、一语中的。有一次他抨击萨尔蒙·蔡斯时这样说："一只大绿头苍蝇，找到臭的地方就下蛋。"林肯在比喻美国南北方分裂的局势时说："一幢裂开的房子是立不住的。"这句话也成了他的经典语录。

　　林肯的语言天赋在他还没有当总统时就已经被人们称道。卡尔·舒尔茨初识林肯是在火车上，回忆起当时的情景，他记忆犹新。林肯的热情与幽默，使车厢里充满了欢声笑语。与林肯的相识，卡尔·舒尔茨有种一见如故的感觉，林肯的语气随和、亲切，没有一点儿矫揉造作；他的声音很高，又很悦耳；他的模样朴实无华；他没有任何的优越感，给人一种老朋友的感觉。交谈时，他会不时插入新奇的故事，每个故事都切合当时的话题。林肯以他的平易近人和出色的语言才华给民众留下了深刻的印象。

　　林肯思维活跃，口才出众。每次碰到难题，他都可以泰然处之。林肯任总统期间，白宫的大门是敞开的，任何人都可以见到总统。可想而知，其中会有多少有非分之想的拜访者。然而，掌控主动权的永远是这位总统先生。他的言辞总会让那些心怀不轨的人败下阵去。曾有位女士仗着自己家族三代都为国家效力，就向林肯提出了过分的要求，希望林肯对他的儿子特殊照顾，给他一个上校的头衔，并且认为这是理所当然的。林肯的一席话让她哑口无言："夫人，你们一家三代为国服务，对国家的贡献实在够多了，我深表敬意。现在你能不能给别人一个报效国家的机会？"还有一个小故事，让人印象深刻。有位将军向林肯打格兰特将军的小报告，只因为他嫉妒格兰特将军。在林肯面前，他说格兰特将军如何跋扈、专横，如何目中无人，搞小团体，甚至说他有可能架空总统。林肯当即打断了他的话："如果格兰特当总统更有利于镇压叛乱，那就让他当总统好了。"这样的答复使对方无话可说，自讨没趣。

林肯在与他人交谈时善于利用故事来加强或暗示自己的观点，因为他深信幽默风趣的故事比单纯的说教更具说服力。大家都夸他很会讲故事，林肯自己也这么认为。因为他从长期的接触中了解到普通民众终日劳碌，举一个容易理解而又幽默风趣的例子，比用别的任何方式更容易说服他们，纯粹的说教反而会增加彼此的距离感。林肯感兴趣的不是故事本身，而是运用故事达到的效果。一个贴切的故事可以减少因拒绝或批评而给别人带来的刺激，既能达到自己的目的，又不伤感情，不失为一种很好的语言工具。林肯曾经说过他不是一个专门讲故事的人，故事只是他说话中的一种缓冲剂，可以避免不必要的冲突和烦恼。

职场宝典：掌握沟通的技巧，驶上交流的双行线

学会倾听

世界销售记录保持者乔·吉拉德说过："我更愿意做一个富于反应的倾听者。说话并不能销售，倾听却可以。"

倾听是一门边观察边思考的艺术，是对接收到的信息的完全理解。花点儿时间，练习注视别人的眼睛进行沟通，仔细思考别人的语言和观

察别人的肢体动作，你就能成为倾听的艺术家了。

开口之前打好腹稿

假如你是一个销售员，在开始游说你的顾客之前，你最好打好腹稿。假如你对着顾客，结结巴巴不知道自己要说什么，或者抱歉地说我还要看看资料，那么你的销售自然也就到此为止了。打好腹稿是保证你有效沟通的一种重要的方法。你沟通的目的是什么，你将采取怎样的方式进行沟通，你准备先说什么、后说什么，在对方提出不同意见时又该怎么说，这些问题都是你在开口之前应该想好的。

言辞生动

耶稣传教时的主要表达方式就是运用寓言和故事。他从不喜欢用沉闷的大道理对听众加以训诫，而是通过故事将抽象的概念形象化，使听众从中完全领悟他的用意。要改善沟通技巧，你可以考虑借助精彩的小故事，或是幽默的语言，让你的表达更能吸引别人的注意。

成功经验

我们每天可能进行的沟通从几十次到上百次不等。卓越的职业者都是沟通高手，他们通过准确、快速、简洁的沟通方式，将有用的信息带给上司、同事和下属，提高了团队成员相互合作的效能。

积极沟通，认真倾听

在职场中，有两种容易走极端的人：一种人是永远闭口不说，好像所有的交流、讨论或会议都和他无关；另一种人是说得过多，滔滔不绝地表达，根本不想听别人的意见。从有效沟通的角度讲，这两种人的做法都是错误的。

职场案例

李开复在给中国学生的第二封信中就曾这样说过："对一个团队而言，开诚布公的交流和沟通才是合作最重要的环节。"

众所周知，微软公司在美国以其卓越的团队精神著称，它"开放式交流"的文化传统也一直是我们所关注的。在这样的一个开放式交流的氛围下，所有的员工均可以在任何交流或沟通的场合里，敞开心扉表达自己的意见或建议。正是因为这样集思广益的做法，微软公司才一直保持着它的活力和竞争力。如今微软公司在互联网的技术拓展和应用方面依然占有举足轻重的地位。其实在互联网刚起步的时候，比尔·盖茨对此并不感兴趣，但是由于公司内部几位技术人员多次提出建议，最终比尔·盖茨接受了他们的意见，并且改变公司的发展方向，才使得今天的微软成为世界瞩目的软件公司。

比尔·盖茨本人也非常注重交流和听取他人的建议，他经常对员工强调："客户的批评比赚钱更重要。从客户的批评中，我们可以更好地汲取失败的教训，将它转化为成功的动力。"即使已经成为一名成功人士，比尔·盖茨依然会在每次公开演讲以后，谦虚地问同事哪些地方需要改进、哪些地方需要继续保持。他总是鼓励员工积极主动地表达他们的想法，即使是反对的意见，他也会虚心听取，然后与之沟通，探讨各自想法的优缺点，争取达成一致。

所以，作为员工，我们在平时的工作中，应该注意多表达自己的意见、积极地参与到讨论当中，同时也要注意倾听别人的意见。只有这样，我们才能更好地领会工作重点，熟悉工作任务，改善自己的工作方式，促进团队的合作。

职场宝典：如何掌握好职场沟通的分寸

找准立场

刚入职场的年轻人要充分意识到自己是资历最浅的人，是团队中的后来者，而领导和同事都是你在职场上的前辈。而新人在与前辈们沟通的时候，应该尽量采用间接、委婉、迂回的方式，特别是当你的观点与他们不同时。一方面要充分考虑到对方的资历和权威，要充分尊重对方的意见；另一方面也要勇敢地表达出自己的想法，不要由于自己资历浅而羞于表达。需要注意的是，在表达自己的观点时不要过于强调自我，如果你能更多地站在对方的立场考虑问题，就能更好地让对方接受你的想法。

顺应风格

在不同的业务部门、不同的管理制度、不同的企业文化、不同的经营理念下，各个企业的沟通风格都会有所差异。一家欧美的IT公司的内部交流方式肯定不同于生产重型机械的日本企业。此外，即使在一个企业内部，各个部门之间的沟通方式也可能不同，例如HR部门与工程现场的沟通方式就属于两种不同的风格。所以，对职场人而言，要学会"察言观色"，注意团队中同事间的交流方式，以便更好地融入到这个大集体中去。假如本部门的沟通风格属于开诚布公型，那么你也就有话直说，不要畏畏缩缩；倘若大家倾向于间接含蓄，你也要采取委婉的方式。总之，要和整体的风格一致，不要搞特殊化，尽量采取大家习惯和认可的方式，避免招来非议和不满。

及时交流

总的来说，不管你的性格属于内向还是外向，不管你是否喜欢和他人合作和交流，在工作中，倘若能够做到时常与人沟通，总比一个人闷头苦干要好上很多。虽然不同的公司的企业文化可能有所差异，但有一点是毋庸置疑的，那就是善于与他人交流、善于与他人合作的员工总会更受欢迎。因此，你要抓住机会，在适当的场合多与领导、同事们交流想法，表达出自己的观点和建议，这样才能得到更多的认可。

成功经验

在职场中，沟通是一门学问，掌握好其中的分寸可以大大增加同事之间的默契、消除隔阂，提高团队的整体凝聚力，进而提高企业的运转效率。所以，我们应该努力学会沟通，让自己更充分地融入到企业当中去。

带着解决方案去提问题

这个世界缺的不是提问题的人，而是能解决问题的人。发现公司存在问题，我们该怎么做？多数人选择空口发表自己的见解，喋喋不休地说上半天却于事无补，还给人留下一种唯恐天下不乱的感觉；少数人选择带着解决方案去提问题，他们总能得到被委以重任的机会。

▌职场案例

小李和小刘都是某保险公司的优秀员工，都有着丰富的工作经验，互相之间也是强有力的竞争对手。在熟悉了公司的日常业务并做好自己的本职工作后，两人都发现公司在经营体制上有一些问题，于是都想抓住机会表现一下自己，给新来的老板留下一个好印象。

平时比较机灵的小李见到新老板后，说了自己的看法。老板点头表示赞同，转身问："小李，如果让你来整改，你会怎么做？"小李顿时语塞：这不属于自己的工作范畴，自己也从来没有想过整改方面的问题。但在老板问到小刘同样的问题时，小刘却拿出了早就准备好的方案，上面有详细的想法、计划，以及可行性分析。

第二天，小刘就接到了老板的电话："你的方案我已经看过了，我觉得整体上还是不错的。我上任的第一个计划就由你来负责吧！"

每个公司都需要像小刘这样的职员，也只有这样的人才能受到公司的重用。带着方案去提问题，比起单纯的提问题，是一种更为有效的沟通方式。因为你的方案会有助于对方对你所提出的问题的理解，也就更容易使你的观点得到认同。同时，对公司而言，既找到了问题，又得到了解决方案，这样的沟通也无疑是最有价值的。

职场宝典：如何带着解决方案去提问题

深思熟虑，超前计划

想要捧牢饭碗，你对工作不能只有3分钟的热度，而要有持之以恒的热情。对上司关注的问题，最好先行一步，在"意向"的萌芽阶段，早考虑，早着手，早做周密计划，想上司之所想，急上司之所急，拿出详细的可操作方案和具体的实施步骤，让上司眼前一亮，这样你才更容易受到上司的重用。

找准提问的时机和方法

要给自己制造机会。你在表现自己之前，要预先做好计划，并设想提出问题的多种方法。首先，要找准适当时机。在老板心情不好、焦头烂额时，除非问题十万火急，否则不要提问。其次，找准提问题的时机后，提问的方式也要注意。一般的人都不喜欢被人提问题，作为老板，你指出他公司的种种弊端，他肯定觉得不舒服，认为这是自己能力不到位，没把事情管理好。所以，最好先贬抑自己抬高老板，然后再徐徐进言，让他觉得你说得有理，最后你再摆出可行的问题解决方案。至此，算是提问成功。

做好承担责任的心理准备

当你带着方案去提问题时，必须想到一点：只要老板接受了提议，自己很可能就是方案的执行责任人。这是展示自己能力的机会，但是事情万一办砸了，自己也是最大的责任人。所以，在带着方案去提问题时，一定要对方案的执行有很大的把握，否则就要出丑了。

成功经验

　　每个人都想做一个好员工，成为老板离不开的助手。想要更出色地为老板工作，就需要要求自己事事想在老板的前头，做在老板的前头。用你最大的热情去工作，带着解决方案去向老板提问题。

培养接受批评的情商

中国有句成语，叫作"忠言逆耳"，说的是当别人指出你的错误和问题时，你很有可能非常不爱听，但是，你必须意识到，这对你个人的成长很有帮助。一个能够接受逆耳忠言的人才是善于沟通的人，才是成熟的人，才是能不断完善自己的人。

职场案例

李志是从一所重点大学毕业的研究生，他被分配到了一家小型设计院工作。刚到这家设计院的时候，李志觉得自己是重点大学出来的，又是研究生学历，打心眼里看不上这家小型设计院的同事们。

在这种心态的影响下，他独来独往，不喜欢和别人交流，觉得那是浪费时间。有时候，同事们看到他的设计，提出一些建议，他不但置若罔闻，还特别气愤，心想：我一个重点大学科班出来的高材生，凭什么让你们来批评我？结果，同事们再也不愿意关心他，再也不愿意花时间给他提建议了。

半年过后，有一次，李志独立完成了一个设计图，他自己检查了几遍，觉得万无一失就交给了老板。老板看了一下就冷冷地对他说："你收拾东西准备走吧。你怎么和刚出校门的学生一个水平？这个图里有几处错误是很容易造成建筑坍塌的。"李志傻在那里说不出话来。

李志之所以被淘汰，是因为他根本不懂得沟通，不能接受别人的批评和建议，从而让自己丧失了前进的机会。不要把别人的批评当成是对自己的轻视或不信任，而应把批评当成珍贵的礼物。

想想吧，如果不是关心你的人，谁会给你提出意见和建议；如果不是希望你进步，那他一定会对你采取敷衍的态度。感谢那些对你说逆耳忠言的人，因为是他们在帮助你成长。

能够接受批评的员工，具有良好的沟通能力。这样的人，在一个开放的环境中是很容易快速取得进步的。如果我们真的能发自内心地对身边人说"欢迎多提宝贵意见"，那我们必然具有了极高的情商和极好的沟通能力。

▋职场宝典：把批评看作奖励，把意见变成行动

端正对批评的态度

正如上文所说，批评是对你个人成长再有利不过的事。所以，请你转换思路，把批评看成一种奖励。对于那些批评你的人，请衷心地对他们说"谢谢"。

把正确意见落实到行动上

接受批评的意义在于改掉自己的错误，使自己在以后的道路上不再犯同样的错误。那么，我们每个人在接受批评时，就应该把意见记录下来，在以后的工作中，时刻提醒自己，让自己一直走在正确的轨道上。

形成公开的监督机制

如果你能努力让你所在的团队形成这样的机制——大家相互监督，勇于指出别人和自己的错误。那么，你所在的团队，就是一个名副

其实的学习型组织。一个拥有良好氛围的团队，能让其中的每个人受益匪浅。

善于接受批评是一种沟通能力强的表现，成熟的职业人应该具有勇于接受批评的品质，并且用一颗感恩之心来面对批评者，把他们看成自己的老师。

胸怀大局：
既报喜也报忧

一个人在职场上，不可能不遇到问题。要敢于讲真话、报实情，既报喜也报忧，不要老唱"赞歌"，搞形式主义。胸怀大局具体表现为：对同级不哄骗，以诚相待；对上级不隐瞒，不隐藏和缩小问题。这样，才有利于企业及时采取对策，从而在竞争中立于不败之地，也有利于个人事业的长期发展。

职场案例

李涛是一家医疗器械生产公司的普通一线员工，负责装配医院所需的监护仪等产品。有一次，他根据自己的经验，发现公司从别的厂家购进的监护仪配件血氧探头有问题。于是，他把情况汇报给了生产主管，主管点点头，表示知道了。

两天后，总经理来生产部门视察，由主管和李涛陪同。总经理问道："一切是否顺利？有没有问题？"主管说没问题，并拍着胸脯保证按时交出合格产品。总经理很满意。在一旁的李涛急了，插嘴道："这批仪器的血氧探头有问题，客户不一定能接受。"总经理脸上露出怀疑的表情，指着李涛，问主管："他说的是真的吗？"主管瞪了李涛一眼，转头向总经理赔笑道："这些产品经验收都是合格的。凭我这么多年的经验，您难道不相信我吗？"总经理脸上这才转阴为晴，告诉李涛要服从上级的意见，然后结束了视察。

两星期后，成品监护仪交给客户。客户验收发现，血氧探头果真有问题：测出的血氧值太高，不能准确反映病人的身体状况，还可能造成医疗事故。客户纷纷要求退货，营销人员急了，闹到总经理那里，总经理又找到生产主管。经过调查，公司发现这批血氧探头是生产主管勾结采购人员拿了厂家回扣而买进的劣质产品。

就这样，生产主管灰溜溜地离开了公司。在提拔新主管时，总经理没选那些老员工，而是提拔了李涛。因为他敢说真话，不会误事。

喜欢听喜讯，不喜欢听问题是人类的共性。可是，危机、隐患并不因为你隐瞒了就不会暴露出来。它们一旦爆发，后果将会非常严重。所以，一个员工，不应只知道将喜讯告诉大家，更重要的是敢于把潜藏的危机揭露出来，使其得到提前遏止和预防；若是危机已爆发，则要坦诚相对，争取调动大家的力量早日解决，而非试图隐瞒或掩盖。

职场宝典：如何正确地报喜、报忧

实事求是

所谓实事求是，即员工对企业中的领导应该有喜说喜、有忧说忧，不应该一味地夸大自己的成绩，对自己的缺点则一概不提。在企业里，一个诚实的、有责任感的员工，在向企业领导汇报的时候，无论是对工作中的成就还是失误，都应该采取实事求是的态度。这不仅有助于树立自身良好的职业道德，也有助于自身及企业的长期发展。

注意汇报的方式

在遵循实事求是原则的前提下，也要讲究汇报的技巧。报喜的过程中一定要让老板知道到底喜在哪儿；报忧时也要详细指出问题的原因所在，并对问题进行深入分析，必要时还可以给出解决问题的建议。即无论是喜是忧，都要让老板清楚其具体原因。当然，根据喜忧程度不同，还可采取一些其他具体措施。这样做才能为企业做出贡献，得到老板的赏识。

报喜报够，报忧报透

员工在向领导汇报自己工作或是生活中的喜与忧的时候，要把握以下两点：一是报喜报够。也就是说在向领导汇报工作时，应该尽力把自己取得的工作成绩阐述清楚，让领导知道你在工作中所体现出来的能力优势，让领导知道你对于企业的价值所在。二是报忧报透。即在向领导汇报你在工作或是生活中所遇到的那些难以解决的问题，或是自己没有处理好的问题的时候，应讲述清楚，使老板了解你所遇到的问题，这样才能够替你想办法，做出决策，来帮你解决问题，把工作做到最好。只有这样汇报自己在工作中的喜忧，领导才能够有针对性地提出有益于企业进一步发展的策略，也有助于领导了解员工的能力，提升员工的个人潜能。

成功经验

真正优秀的职业人是老板的贴心人。他们既会把好消息第一时间报告给老板，让老板高兴；也会拿企业的危机与老板交流，避免企业受到损失。做老板的贴心人，老板自然会重用你。

内部可以有争议，
对外要一致

任何时候，无论公司内部有什么样的矛盾和争执，一旦有外人在，就得团结一致。这是职场最起码的要求。我们的老板都不希望我们在外人面前表现出公司的不和，哪怕只有一丁点儿，也不行。我们都知道，公司的任何一个人说的任何一句话，都代表着整个公司的形象。沟通是公司内部的沟通，我们没有必要让外人知道我们公司的内部存在着什么样的问题。

职场案例

王方是一家公司的部门经理。前不久，他所在部门的打印机出现了故障，无法正常使用，于是他让秘书联系一家办公器材公司，打算再买一台新的机器。

次日，那家办公器材公司便派员工将打印机送到了他的公司。他突然想起前不久要订购几台传真机，后来事务一多，竟然忽略了，这次正好可以在同一家公司购买。他走出办公室，想指示秘书跟那家公司的员工订货，不经意间却听到那家公司的员工正在跟自己的秘书抱怨："现在搞销售非常难啊，卖出产品可费劲了。我们公司也特别烦人，老板天天催着我们外出推销，没有目标乱指一通，卖不出去回公司还挨一顿臭骂……"

听了这些，王方立刻把在这家公司买传真机的计划取消了，直接告诉财务部马上给那家公司的员工结账，打发他走人。然后他又让秘书联系其他办公器材公司预订了几台传真机。

后来王方告诉秘书，他之所以不想在前一家器材公司买产品，就是因为那位员工无意间发的那几句牢骚。他觉得这样的公司，老板和员工关系恶劣，相互之间互不体谅，公司内部不团结，也许根本撑不了多少日子就会关掉。倘若从他们公司买了产品，日后出现质量问题，这相应的售后服务能有保障吗？所以他当时就放弃了从这家公司买传真机的打算。

无论你的意见有多么正确，有外人在时，你也绝对不能"一吐为快"。倘若是竞争对手在，那你的行为无异于自掘坟墓。

记住，当着外人的面发表对公司的意见，不仅不是一种有效的沟通手段，而且会阻碍你在职场上的发展。

职场宝典：如何克服分歧、一致对外

不在外人面前伤害老板、同事的面子

中国人最爱面子，因此也最怕被人伤面子。如果你在外人面前跟同事争执，既让外人觉得你们公司不团结，又让对方对你很嫉恨。所以，在有外人的场合，一定要给足同事面子。当那个同事比你级别高时，更要格外注意。

不在外人面前批评公司

身在职场，要记住当你在公共场所批评自己所在的公司时，无疑，你是在将公司的颜面踩在脚下。没有老板能够忍受这样的员工，即使你

才华出众，他也会毫不顾及地把你剔除。

时刻把维护公司形象放到第一位

虽然当今是一个崇尚个性的时代，但表现个性也要注意场合和环境。工作单位是一个大环境，是很多人共同工作的地方，具有与其他环境不同的特点。在工作中，当你的个性与单位的共性发生矛盾时，你就应该以单位的共性为重，不能固执己见，一味地按自己的意愿行事。如果你的某些个性不符合当前所做的工作，那就一定要学会"掩饰"，不能让你的个性与单位的要求格格不入。这样你才能有一个良好的发展前景。

成功经验

内部的争议可以提高团队的决策水平，但是在对外的时候，一定要保持一致，让人感到这是一个团结的值得信任的组织。

素质八：
团结合作

一个人，

哪怕你再有能力，再能创造绩效，

只要你伤害到工作的团队，

老板一定会请你离开——

不要认为没有你就不行。

滴水融入大海，
个人融入团队

我们要将一件事情干得出色，就得懂得与他人合作。人与人的合作不是人力的简单相加：如果把每个人的能力都设定为1，那么10个人的合作结果有时要比10大得多。这是因为人不是静止的事物，而像是一种奇异的能量，相互推动时将会事半功倍。

职场案例

拿破仑·希尔年轻的时候很想自己创办一份杂志，但当时他没有足够的资金，因此就与一家印刷厂合作，在芝加哥共同创办了一份教导人们如何成功的杂志。他很喜欢这份工作，而且为其投入了很多的时间和心血。虽然有些辛苦，但他从中获得了很多乐趣。

他的杂志办得非常成功。但是，他与合伙人在工作中存在很多分歧，他们经常因为一些出版方面的小事发生争吵，这使得他们之间的关系变得日渐不和谐起来。同时，他的杂志的成功也给其他出版商造成了威胁。一家出版商在得知他们内部不和的消息后，趁机出资买走了他合伙人的股份，接管了他的杂志，这使得他不得不带着遗憾离开了他所热爱的工作。

之后，他仔细思考了自己失败的原因，终于得出了结论：首先就是自己对业务缺乏绝对的控制权；其次是与合伙人之间，缺少一种和谐的合作氛围。这次失败，虽然让他蒙受了损失，但也让他明白了很多，给了他今后成功的种子。

经历了失败的拿破仑·希尔打算重新开始。他离开芝加哥前往纽约，在那里，他又创办了一份杂志。这回他吸取了上次失败的教训，学会激励一些占有部分股份但没有绝对权力的合伙人共同努力，并且他经常与其他合伙人进行沟通，及时交换各自的意见。因此，他再也没有遇到过之前那种争吵不断的情况了。而且在不到一年的时间里，杂志的发行量就比以前那份杂志翻了两倍多。

人都生活在一个社会群体之中，人际关系就是你与社会交往的一种纽带。而人际关系并不是一日之间就可以建立起来的，它需要你去长期经营。一个人想要成功，自己的能力固然重要，但也离不开他人的帮助。人与人之间的交往，除了利益关系的考虑之外，还要看相互之间的印象如何。如果你给人的印象不佳，别人又怎么会愿意帮助你呢？要知道维持和谐的合作关系，对一个成功者来说是相当重要的。与其在自己的成功路上树立更多的敌人，倒不如在自己的成功路上赢得更多的朋友。而合作，就是你赢得朋友的第一步。

职场宝典：如何建立良好的合作关系

明白苹果与能力的交换哲学

如果你和朋友各有一个苹果，那么交换之后，你们分别拥有了彼此的苹果却都失去了自己的苹果。但对一个问题，如果你和朋友各有一种想法，交换之后呢，你获得了他的想法，他也获得了你的想法，同时你们彼此也并没有失去自己原来的想法。可见，物质的交换并不会给我们带来多大的益处，但是思想的交换，却能让我们获得更多。这就是团队合作精神的要义之所在。

这段话的寓意应用到职场上，就是说：如果你在工作中善于与人合作，取人之长，补己之短，你的能力将会得到不断提高。那么，你也将会做出卓越的业绩，脱颖而出，获得上司的赏识。

学会欣赏你的队友

人无完人，每个人都是优点与缺点的集合体。然而，有些人却只能看到自己的优点和别人的缺点，对别人的优点却视而不见。这种习惯往往会使人陷入孤立无援的状态——因为你觉得自己优秀，不需要别人的帮助；而别人觉得你并不看好他们，自然也不愿意帮助你。所以在工作中，这种习惯是最要不得的。因为很多工作都是需要靠团队合作来完成的。持有这种习惯的人，在工作中常常很难融入到团队当中。而学会欣赏队友的优点，则会让你更快地融入团队。

摆正自己在团队中的位置

每个成员都是团队不可或缺的组成部分，都有自己特定的位置，有自己特定的工作。只有每个成员都明确了自己的位置和要做的工作之后，整个团队才能获得成功；相反，如果每个人都不清楚自己究竟扮演的是什么角色和要做哪些工作，那么整个团队就会出现混乱。因此，在加入一个团队之后，你要做的第一件事就是寻找自己的定位——因为这是日后工作的基础。

成功经验

　　慢慢学着与他人合作，你将会变成一个善于合作的人，也将为自己构建起一个良好的人脉网。你的能力将会大为提高，做出卓越的业绩，获得上司的青睐，也会被同事称为"一个聪明的人"。

服从总体安排

对一个团队来说，优秀的人才重要，正确的战略重要，完善的制度和严明的纪律也重要。但这些都是客观条件，只有团队所有成员顾全大局，服从总体安排，才能把这一切资源、力量整合起来，才能把战略变成现实。所以在团队中，服从安排尤为重要。

职场案例

杰克手下有一名出色的员工名叫亨利，他擅长做销售，工作能力非常突出。可是时间一长，杰克对他的看法有了改变。

就拿最近发生的一件事来说：杰克接到了公司高层布置的一项重要任务。因为事关重大，他带领大家反复讨论，争取制订出一个完美的方案。但是，亨利认为根本没有必要如此大费周章。他觉得自己对这个项目十分了解，凭自己一人之力就可以将项目完成。为了表现自己，他不理会杰克的安排，私底下制订了一份方案，直接找到总经理，向总经理表达了想承担这项任务的想法。最后，总经理同意了。

他的这种做法，不仅伤害了杰克的感情，还破坏了整个团队的计划。在执行这项任务的过程中，亨利更是不理会团队有什么安排。他自恃优秀，不把他人放在眼里，也不听取他人的意见。最终，项目因为亨利的独断专行而流产。鉴于此事，杰克毫不犹豫地开除了他。

服从团队的安排是每一个团队成员应该做的。因为，一个人过分强调独立，不仅会破坏团队的和谐、影响团队的业绩，最终也会使自己受害。

服从精神是尊重、责任和纪律的统一体。尊重领导，你才会去服从领导；尊重制度，你才会去遵守制度；尊重任务，你才会去认真执行任务。可见，没有尊重，就没有服从，而没有服从，执行也无从谈起。

职场宝典：如何培养自己的服从精神

把服从看成一种美德

服从并不代表你没能力，相反，它是一个人成熟、顾全大局的表现。现在很多公司要求职员一进公司就要接受种种培训，学习并且认同企业的团队文化，严格遵守团队的各种规章制度。很多人认为这是多此一举，并且参加这样的培训极不用心。这种观念是错误的。任何人不经培训都不能很好地融入团队；进入一个新的公司，你就必须从零开始，首先学会服从于你的上司，服从于你的老板。

定下来的事就不要再有异议

服从者应该放弃个人的意见，而服从于上司和团队的安排，一心一意地去执行所属团队的价值理念和指令。如果你有什么意见或者建议，应该在上司发出指令前提出；如果你的意见没有得到上司的采纳，你也必须立刻去执行上司的指令，哪怕你认为他是错误的。

不给自己找任何借口

如果你在为一个团队工作，你应该时刻提醒自己，你必须服从于这个团队。无论什么时候，你都应该主动、积极地去完成上司交给你的任务。

不要给自己任何的借口和推卸责任的理由。团队合作要的是结果，而不是你再三地解释原因。

　　一个优秀的职员应该有服从意识。如果一个下属不能无条件地服从上司的命令，这样的团队必将走向失败；反之，这个团队则能产生强大的执行能力，取得巨大的成功。

遵守纪律
才能保证战斗力

纪律是保证执行力的先决条件。什么是纪律？纪律首先是服从，领导决定的事和布置的工作，员工必须有反应、有落实、有结果、有答复。有纪律的员工把纪律变成习惯，做任何事情都会按照规则去进行，最后做到"随心所欲，不逾规矩"。

职场案例

春秋时代有个伟大的军事家名叫孙武。有一天他去见吴王阖闾，吴王问他能不能训练女兵。孙武说可以，于是吴王便安排了一百多位宫女给他训练。

孙武把宫女编成两队，任命吴王最宠爱的两个妃子为队长，然后把一些基本动作教给她们，并告诫她们要遵守军令，不可违背。不料，孙武开始发令时，宫女们都觉得好玩，一个个笑了起来。孙武以为自己话没说清楚，便重复了一遍。第二次再发令，宫女们还是只顾嬉笑。这次，孙武生气了，便下令把队长拖出去斩首。吴王听说要斩他的爱妃，急忙求情，但是孙武说："君王既然已经把她们交给我来训练，我就必须用军队的纪律来管理她们，任何人违犯了军令都该接受处分，这是没有例外的。"结果还是把妃子给杀了。宫女们见他说到做到，纪律严明，都吓得脸色发白。第三次发令时，没有一个人敢再嬉笑了。

孙武训练军队非常严厉，连吴王向他求情也不买账。正是由于纪律严明，他才能训练出富有战斗力的部队。战场上如此，职场上也如此。只有每个团队成员都严格遵守团队纪律，才能保证团队整体富有战斗力。

没有一个老板愿意提拔不遵守纪律的下属，因此，为了团队的整体利益和个人今后的发展，请你务必遵守团队纪律。

职场宝典：如何成为自律的人

遵守公司的各项规章制度

几乎每个公司都有自己的员工手册，里面对上下班时间、着装、请假及报销制度等做出了明确规定。每个部门因为自己特殊的业务程序，可能也有着不同的规定需要大家遵守。这些是对一个员工的基本要求，是任何一个自律的员工都应做到的事情。

无人监督也能专心工作

可以说，最出色的员工都是对自己要求非常严格的人，他们从来不用别人来强迫或督促自己。因为他们知道要想达到事业的顶峰，就不能仅仅在别人注意自己的时候才装模作样地好好表现一番。任何成功的取得都是厚积薄发、积极进取的结果。

实行自我管理

美国可口可乐公司前董事长兼执行官罗伯特·古兹维塔年轻的时候可以一连5个小时把自己锁在房间里读书，不理会外面的喧闹，也不会踏出房门。一个人如果无法自律，就无法在工作中做好自我管理，也就无法做好工作。

成功经验

遵守纪律说起来简单，但是真正落实到行动上却很难。每个人如果在工作中能多为团队的利益考虑，就会自动自发地遵守纪律，做好自我管理。如果能这样做，到头来真正获益的会是自己。

不当团队的"短板"

如果一群孩子一起走，哪个孩子能够决定整个团队的速度？答案是走得最慢的那一个。你是否就是你所在团队里"走得最慢"的那一个呢？在团队合作中，最重要的是齐头并进，千万不要因为自己而影响了整个团队。

职场案例

有一次，刘平的公司需要组织一次客户座谈会，他提前到一家酒店里为客户预订房间。这家酒店的环境很好，就餐、住宿条件都非常理想，刘平心里已经决定选择这家酒店了。但是在查看房间时，他看到一名服务员没有敲门就进了一个房间。按照常理，如果房间里有客人，服务员肯定是要敲门的，除非这个房间里没有住进客人。于是刘平就提出要预定这个房间。"对不起，这个房间已经有客人了。"服务员很有礼貌地回答，"但是他们白天都不在房间里。"

这个服务员的回答让刘平打消了选择这家酒店的念头。原因很简单，虽然这名服务员可能知道只要房间已经住了客人，就不能随随便便连门也不敲就进入房间，但是他并没有这样执行。

管理学上有个"木桶法则"：一个木桶能盛多少水取决于它最短的木板。在这个酒店的整体服务中，这位服务员扮演了木桶的最短板，即使酒店其他的服务再好，也没有挽留住客人。我们相信，如果这位服务员不改正错误，并且继续在这一岗位上工作，他们还会失去其他的客人，并且会在同其他酒店的竞争中处于下风。

西班牙的智者巴尔塔·葛拉西安在其《智慧书》中告诫人们："不断地完善自己，使自己变得不可替代，让别人离了你就无法正常工作。这样你的地位就会大大提高。"这种不可替代性也正是你个人竞争力所在。拒绝做团队的"短板"，努力完善自己，团队的实力也会有所增强。

▌职场宝典：如何让自己跟上团队的步伐

找到自己的短处

你可以给自己列个单子，例如执行力、思考力、领导力、沟通能力、学习能力等很多职业人必备的能力，然后给这些项目一一打分。经过这样的过程，你就知道你在哪些方面比较薄弱，就可以着手改进了。

把自己的"短板"变长

你在明确了自己的短处之后，就可以着手把最短的这块板子变长了。你可以通过看书、听讲座、上夜校等方式来提高自己。直到你发现这块"短板"变长后，你就可以着手从新的"短板"开始改善了。

让自己的"长板"更长

除了增长你的"短板"，你还应该注意保持优势。这是你事业取得成功的重要因素。发挥自己的优势，关注自己的核心技能，将会让你保持领先。

成功经验

　　这个时代，对于职业人的要求比过去要高出很多。所以想要在社会上立足，必须努力把自己塑造成为全面的人，这就要求我们有针对性地改掉自己身上薄弱的地方，完善自己与生俱来的优势，不做团队的"短板"，争做团队的领头羊。

让能力在团队中被放大

持个人主义的人往往认为融入到团队中就缩小了自己，但其实不是这样的。我们在真正融入到团队中时，在达到一个共同的目标时，就会发现，我们的能力已在团队中被放大了。

职场案例

某地有一家饭店，开业已经两年，但生意一直不好，现面临倒闭的危险。为了拯救岌岌可危的饭店，该店老板特意请来一个为酒店经营出谋划策的专业团队。

这个团队的核心成员有3位，1号成员是一位出色的营养师和市场调研师；2号成员是一位杰出的营销策划人；3号成员是一位拥有广泛人脉的高级厨师。他们用10多天时间对当地的市场环境做了全面的调查，发现由于当地人口味偏重，所以大街上多是些湘菜、川菜馆。当初，这家饭店也是因为敌不过这些同类型的饭馆而走入惨境的。最后，这个团队为饭店制订出策略——转型成为越南菜馆。饭店老板对此非常吃惊，越南菜清淡、偏甜辣，似乎与当地人口味不符，而且当地从未有过越南菜馆，这样做是不是太冒险了？尽管有诸多疑虑，饭店老板还是决定让这个团队实施他们的方案。

其实该团队让饭店做越南菜是有其考虑的。1号成员调研发现，越南菜的原料和调料都是纯天然的，并具有健康、瘦身、味道独特等特点，能满足现代都市人的需要。因此，开办越南菜馆大有利益可图。

很快，2号成员为饭店制订出了一系列响亮的宣传口号："吃出健康美丽，吃出完美身材！""本地独此一家。""饮食新时尚！""越南菜——今天你吃了吗？"……这些口号成功地引起了当地人的兴趣，一时间人们议论纷纷，都想到该饭店"一尝究竟"。

同时，3号成员为饭店请来了一批优秀的厨师，他们既能做正宗的越南菜，又能根据当地人的口味对越南菜进行改良。

很快，饭店生意就步入了正轨。3个月后，它就成了当地生意最火爆的饭店。

设想一下，如果这三名成员没有组成团队，1号成员的工作也许就是为一些健康爱好者搭配食谱，2号成员可能在一家策划公司为别人打工，而3号成员则可能永远在某一家饭店担任大厨。虽然他们各有专长，却永远不可能独自拯救一家濒危的饭店。他们选择组成一个团队，既能发挥特长，又能互补短板，最后更是借助团队的力量，开创了自己事业的新高峰。

职场宝典：如何让自己的能力在团队中放大

及时挖掘和发挥自身的优势

有些人初涉职场可能会感觉什么都不会，或者是遭遇各种困境后觉得自己一无是处。其实每个人都有自身的特长，关键在于自己有没有察觉并去发挥。我们在不清楚自己擅长什么的时候，不妨认认真真做几件事情，当得到别人夸奖的时候，我们可能就清楚自身的长处了。哪怕没有人称赞我们某方面的工作能力出众，但只要有人称赞我们工作态度认真扎实，这也是一种肯定，至少证明我们在这个团队中还是有一席之地的。

准确地定位，踏实地工作

团队中有各种不同的角色，我们不妨自己考察一下自己的性格、能力、教育背景，等等，看自己适合哪一种。我们在不能准确地判断自己应该扮演哪一种角色的时候，不妨听听同事的意见。当然每个人都不是一成不变的，如果通过自身条件的改变，能够充当别的更重要的角色的话，这对自己是一个提升，对团队的整体实力的提升也是有帮助的。在无法或很难改变自身条件的情况下，不妨安心地担任合适的职位，毕竟"三百六十行，行行出状元"嘛！

及时恰当地展示出你的长处

在当今职场激烈的竞争中，上司总是处在忙碌之中，很少细细考察员工各自的长处。如果员工总是期待上司主动来认识和了解自己，这样恐怕会失去很多机会。我们要想做到扬长避短，就必须让上司明白我们的长处在哪儿。在展示自己长处的时候既不要过于张扬，也不要过于隐晦。

成功经验

不要得过且过，也不要一味埋怨英雄无用武之地，要把团队当作你施展才华的舞台。展现你的才华，让团队因为你的存在而变得更具活力。

书目